아이들은
모험으로
자란다

아이들은
모험으로
자란다

아이의 성장과 도전을 이끄는 초등 교육

최관의 글

보리

학교는 모험으로 가득해야 하는 곳

아이는 "내가 알아서 할래"와 "이렇게 해야 해" 사이를 오가며 자란다는 생각이 들어요. 아이는 하고 싶은 대로 하려 하고 부모는 부모 뜻대로 끌고 가려 하고. 그러니 날마다 실랑이를 벌일 수밖에요.

부모는 배 속에서 나와 눈을 맞추고 몸을 뒤집고 앉고 걷는 아이 곁에서 무엇을 도와줄까, 챙겨 줄까, 위험하거나 방해되는 걸 어떻게 없애 줄까 살핍니다. 더 자라나 말하고 글자에 관심을 보이고 지식에 호기심을 보일 때는 더욱 마음이 쓰이기 시작해요. 언제 어떤 도움을 어떻게 줘야 할지 밤잠을 설치며 궁리하지요. 알맞은 때 알맞은 방법으로 아이를 도와주고 싶지만 쉽지 않습니다.

아이 스스로 머리 써서 해 보고 다시 또 해 보도록 믿고 기다려 주어야 한다는 걸 부모는 잘 알아요. 하지만 서로 비교하며 남보다 더 잘해야만 살아남는다는 생각이 가득한 우리 사회에서 아이를 그저 믿고 기다리는 것은 애가 타는 일입니다. 급하거나 초조해하지 말자며 무심한 듯 기다리다 보면 '부모로서 무책임한 거 아냐?' '도와주면 더 많은 걸 배울 텐데?' 같은 온갖 생각이 떠오릅니다. 또 부모 나름대로 판단해서 아이에게 이것저것 도와주다가도 문득 불안이 밀려옵니다. '믿고 기다려야 하는데 너무 깊이 간섭하는 거 아냐?' '내가 아이를 못 믿는 건가?' '이러다 무기력한 아이가 되면 어쩌지?'

이래도 걱정, 저래도 걱정입니다.

"혼자 등하교해도 괜찮을까?"

"준비물을 두고 갔네. 가져다줘? 말아?"

"또 싸웠다는데 내가 나서야 하나? 싸우면서 큰다니 그냥 놔둬야 하나?"

"날이 추운데 굳이 저 얇은 옷을 입고 가겠다고 고집을 피우네. 어쩌지?"

"사교육을 시켜야 할까?"

이처럼 온갖 걱정이 끊이지 않지만 그래도 아이가 낯설고 두려운 일을 혼자 힘으로 해낼 수 있게 부모는 아이를 믿고 기다리면 좋겠습니다. 겪어 보지 않은 일을 해 보고 힘에 벅찬 일을 하면서 아이는 많은 걸 깨닫거든요. 그 깨달음으로 삶을 가꾸어 가는 것, 그것이 곧 교육이라고 생각합니다.

그렇다면 이제 학교를 새로운 눈, 다른 시각으로 봐야 합니다. 사실 학교는 인큐베이터가 아니라 갖가지 모험이 가득한, 두렵고 힘든 일이 촘촘하게 짜여 있는 곳이거든요.

교실에서 아이들과 지내다 보면 이런 말을 수도 없이 듣습니다.

"쟤가 욕하고 괴롭혀요."

"애들이 저랑 놀기 싫대요."

"이 문제 모르겠어요."

"불어도 불어도 단소 소리가 나다 말다 한다니까요. 더 이상 하기 싫어요."

아이의 몸과 마음을 흔드는 일이 벌어진 것입니다. 바로 이런 겪기 싫고 피하고 싶은 일들이 아이를 성장하고 발달하게 합니다. 힘들어하며 마음 아파 눈물 흘리기도 하지만 이런 일을 풀어 가는 과정에서 배움과 깨달음이 일어납니다. 스스로의 힘으로 살아갈 힘이 생깁니다. 이렇게 학교는 아이들이 두렵고 힘든 일을 겪으며 성장하는 곳입니다.

이제 학교가 아이 특성에 맞춰 두렵고 힘든 일을 겪으며 혼자 설 힘을 기르는 곳이 되도록 부모는 교사와 손발을 맞춰야 합니다. 학교를 모험이 가득한 곳으로 가꾸어 가려면 부모는 교사와 학교와 함께하려는 노력이 필요합니다.

준비물을 안 가져갔을 때, 아이들 사이에 다툼이 일어났을 때, 아이가 자기 힘으로 뒷수습하고 책임지며 어려움을 헤쳐 나가도록 아이를 믿고 기다려야 합니다. 자칫하면 학교가 아이에게 힘든 일이나 시련이 일어나지 않는 무균실, 인큐베이터 같은 곳이 될 수도 있거든요. 파도가 일지 않는 바다는 없고 흔들리지 않고 피는 꽃은 없다는 자연의 이치를 떠올려 봅니다.

　부모는 늘 불안과 걱정에 싸여 잠 못 이룹니다. 그렇지만 이런 불안과 걱정을 아이에게 드러내면 안 되는 게 부모입니다. 부모는 바람 부는 창가에 촛불 하나 켜 놓고 기도하는 사람이라는 말을 되새깁니다. 아이 안에는 갖가지 모험을 겪으며 삶의 주인으로 거듭날 힘이 있음을 믿고 기다리는 이 세상 모든 부모님들을 응원합니다.

2024년 1월
최관의

차례

1장

학교와 교육을
바라보는 눈

학교는 □다

"학교는 □다."

위 네모에 어떤 말이 들어가면 좋을까요? 머릿속에 휙 하고 떠오르는 걸 몇 가지 써 보세요. 이것저것 재지 않고 생각나는 대로 떠오르는 낱말을 쓴 뒤 그 안에 담긴 뜻을 되새겨 보세요. 이때 솟아오르는 생각이 자녀교육, 학교교육의 방향을 결정짓는 바탕이 되며, 이는 곧 교육철학이 됩니다.

왜 학교가 필요한지, 교육과정은 무엇으로 채우고 어떤 방법으로 가르칠 것인지를 결정하는 중요한 기준이 바로 교육철학입니다. 네모 안에 들어가는 것 때문에 아이들은 아침마다 졸린 눈 비비고 일어나 이것저것 챙겨 학교에 가고, 학교에 못 가거나 안 가면 마음이 불편해집니다. 때로는 큰일 난 듯 심각해지기도 하고요. 또 네모 안에 들어가는 것에 따라 부모와 아이가 주고받는 말투와 눈빛이 달라집니다. 결국 아이와 부모의 삶도 달라집니다.

아이들과 교사만 있으면
거기가 곧 학교

문제를 내겠습니다. 다음 중, 학교에 꼭 있어야 하는 것을 '한 가지'만 골라 보세요.

① 컴퓨터 ② 학교 건물 ③ 예산 ④ 사람

하나만 선택할 수밖에 없는 상황이라면 무얼 선택하겠습니까? 사람입니다. 물론 컴퓨터, 건물, 돈이 없으면 불편하긴 하겠지요. 하지만 사람만 있다면 학교를 세운 목적이자 학교의 본질인 '교육'은 이루어질 수 있습니다. 허허벌판, 산속, 길거리, 시장, 놀이터, 박물관……. 위험하지만 않다면 어디서든 '가르침'과 '배움'이라는 교육활동을 할 수 있습니다. 다른 건 없더라도 아이들, 그리고 함께할 교사는 꼭 있어야 합니다.

월요일 아침이면 아이들은 학교 가는 게 살짝 부담스럽습니다. 아이들만 그런가요. 솔직히 교사도, 몸이 무지근하고 마음에 구름이 끼는 걸 느낍니다. 그래서 저는 월요일 아침이면 곧바로 교실로 올라가지 않고, 아이들과 학교 안팎을 걷습니다. 풀, 나무, 흙, 하늘과 지나다니는 사람들을 보며 이야기를 나누다 교실로 갑니다. 아이들도 교사도 월요일 아침을 가볍게 시작하자고 이런 시간을 가졌는데 아이들이 차츰 계절이 바뀌는 것을 알아차립니다. 땅에서 싹이 돋아나는 걸 보고는 막 달려옵니다.

"선생님! 저기 싹이 났어요. 지난주에는 못 봤어요. 그때는 없었는데……."

"따스한 거 보니 봄인가 봐요. 아주 좋아요. 어디 가고 싶어요."

"더 있으면 벌레도 나올까요?"

"나무는 줄기에 물이 있는데 왜 안 얼어 죽어요?"

걷다 보면 아이들 마음에서 궁금한 게 올라오고 안 보이던 게 눈과 가슴으로 들어옵니다. 아이들과 교사가 함께 만들어 낸 분위기 속에서 배움과 깨달음이 일어납니다. 아이들과 교사가 만들어 내는 이 분위기가 가르침과 배움을 일으키는 심리적 환경입니다. 시장에는 시장 사람들이 만들어 내는 심리적 흐름이 있고, 병원에는 병원에 맞는 심리적 흐름이 있습니다. 풀밭이든 산이든 강가든 또는 공장이나 관공서 주변이든 상관없이, 아이들과 교사가 함께하며 서로에게서 가르침과 배움이 일어난다면 그곳이 곧 학교이고 교실입니다. 배우려는 마음이 있고 서로 그 마음을 소중히 여길 때 배움은 더욱 크게 일어납니다. 그래서 학교는 사람이고, 또한 학교는 마음입니다.

학교는
섬세하고 여린 곳

아이들이 학교에 다녀온 뒤 하는 이야기를 귀담아들어 보면 설명하는 이야기는 그다지 많지 않습니다. 아이 마음에 들어와 물결을 일으킨 것, 마음을 편안하게 또는 불편하게 흔든 것, 마음에서 일어난 변화에 관한 이야기가 대부분입니다. 마음에 인 물결과 파장을 혼자 담아 두는 게 아깝거나 힘들어서 밖으로 풀어내는 것입니다. 학교는 아이들 마음을 흔들어 변화를 일으키는 곳입니다. 학교교육이란 결국 마음속에서 이루어집니다.

교사는 아이들 마음을 교육적으로 흔드는 일을 하는 사람입니다. 아이들마다 가진 특성과 놓인 상황을 깊고 넓게 읽어 내 그에 맞는 자극과 반응을 주고받으며 아이들 마음을 흔듭니다. 눈빛만으로도 아이들과 많은 이야기를 주고받습니다. 교사가 아이들에게 집중하고 몰입할 수 있는 안정된 환경이 갖추어졌을 때 교사는 이런 역할을 해낼 수 있습니다. 교사가 불안하거나 다른 일에 쫓기면, 아이들에게 집중할 수 없고 아이 마음을 깊이 읽어 낼 수 없습니다. 교사에게 심리적 안정감이 필요한 까닭입니다.

현장체험학습에서 교사가 심리적으로 위축되고 의욕이 꺾이는 상황을 살펴보겠습니다. 예전에는 현장체험학습을 가면, 한 학년이 같은 날 같은 장소로 떠났습니다. 요즘도 대부분 그러긴 하지만, 가끔 어느 반이 현상체험학습을 갈 때, 다른 반은 교실에서 수업하기도 합니다. 또 같은 날 떠나더라도, 어느 반은 가 지역으로, 어느 반은 나 지역으로, 또 어느 반은 다 지역으로 장소를 달리 갑니다. 두세 학급씩 모여서 갈 때도 있고요. 왜 현장체험학습을 이렇게 갈까요?

현장체험학습을 한꺼번에 같이 가던 어린 시절을 떠올려 보면 좋겠습니다. 박물관에 갑니다. 우루루 몰려가 뭘 보는 건지 마는 건지 수박 겉핥기처럼 휘리릭 살피고 밖으로 나와 서둘러 밥 먹고 학교로 돌아옵니다. 물론 안 가는 것보다 그렇게라도 다녀오는 게 훨씬 낫습니다. 그런데 박물관에 갈 때 한두 학급만 간다면 예전처럼 우루루 몰려다닐 필요가 있을까요? 전문가한테 안내를 받을 수도 있고 몇 가지 작품에 오랫동안 머물며 자세히 살펴볼 수도 있습니다.

이런 형태의 현장체험학습을 추진하다 보면 가끔 학교로 전화가 옵니다. 왜 우리 반은 안 가는지, 왜 옆 교실과 다른 데로 가는지 따져묻는 항의 전화를 받을 때가 적지 않습니다. 이런 전화를 더러 받으면 현장체험학습을 적은 규모로 추진하기 어렵습니다. 이와 반대로 교사들의 마음을 위축시키지 않는 환경만 만들어진다면, 준비 과정이 좀 힘들더라도 마음껏 상상력을 발휘하면서 아이들에게 더 좋은, 더 새로운 방법으로 현장체험학습을 꾸리고 추진하는 학교가 점차 늘어날 것입니다.

다음으로 교실 자리 배치를 예로 들어 보겠습니다. 교실에서 짝, 모둠 따위를 정하는 방법은 몇 가지나 될까요? 담임교사는 자리 배치를 할 때마다 고려해야 할 것이 참 많습니다. 아이들의 성격, 친구 관계, 학습 능력, 건강 상태, 신체 특성…… 헤아릴 게 한두 가지가 아닙니다. 그러다 보니 어떤 부분은 아이들의 자율에 맡기기도 하지만, 어떤 부분은 담임의 교육철학이나 교실 상황에 따라 정하기도 합니다. 제비뽑기를 하거나 아이들끼리 회의를 하며 상황에 맞게 갖가지 방법을 다 씁니다. 자리 정하는 방법처럼 작은 일에서도 교사들이 방해받지 않고 새로운 시도를 할 수 있을 때 교육은 질적으로 변화할 수 있습니다. 어찌 보면 교육의 질적 향상은 아이들과 지내는 현장에서 교사가 자율권을 가지고 교육과정을 운영할 수 있을 때 가능한 일입니다.

누가 잔소리하고 지시해서가 아니라 교사 스스로 필요한 일을 찾아 정성껏 노력할 때 교육은 살아납니다. 자유로운 분위기에서 책임을 감당하며 필요한 일을 꾸준히 해 나갈 수 있는 환경, 특히 심리적 환경이 매우 중요합니다. 교육은 강제로 시킨다고 이루어지는 것이 아니기 때문입니다.

예전에는 학교 곳곳에 표어, 포스터, 현수막을 펼쳐 놓았습니다. 소방서, 요즘은 소방청이라고 하는 데에서 겨울만 되면 불조심 표어, 포스터, 글쓰기를 하라고 협조 공문을 보내왔습니다. 교육과 관련 있다 싶으면 자치단체, 공공기관은 말할 것 없고 사기업에서조차 공문을 보내와 활동을 요구했습니다.

그럴 때마다 교사들은 아이들과 눈을 맞추며 교육과정을 알차게 운영하는 일에 집중할 수 없었습니다. 요즘은 공공기관이나 기업의 요구를 교육과정 안에 마구 밀어 넣는 일이 꽤 줄어들었습니다. 하지만 아직도 우리 사회는 논란거리가 생기거나 어려운 일이 벌어지면 '학교에서 제대로 된 교육이 이루어지지 않아 그렇다'는 이야기를 자주 합니다. 그런 다음 관련 내용을 교육과정에 밀어 넣으려고 하지요. 지금도 교육과정이 너무 많아 줄여야 하는데 말입니다. 이럴 때 떠오르는 말이 있습니다.

"많은 건 없는 거나 다름없다!"

학교는 교사의 자율성이 살아 숨 쉬어야만 학교다운 학교가 될 수 있습니다. 자율성이 살아나려면 떠오르는 생각을 마음껏 시도해 볼 수 있어야 하며, 그 결과에 대해 지나치게 책임을 묻지 않아야 합니다. 교사의 생각과 말과 행동이 살아 움직여야 합니다. 그러기 위해서는 교사의 마음을 함부로 흔드는 일이 있어서는 안 됩니다. 자율성을 마음껏 누리는 교사만이 아이들의 자율성을 살리는 교육을 할 수 있기 때문입니다.

배움은 낯선 길로 떠나서
나와 세상을 발견하는 일

영화 〈시네마 천국〉의 한 장면입니다.

알프레도: 돌아와선 안 돼. 깡그리 잊어버려야 해. 편지도 쓰지 마. 향수
         에 빠져선 안 돼. 잊어버려. 만일 못 참고 돌아오면 널 다신 만
         나지 않겠어. 이곳에 발을 못 붙이게 할 거야. 알겠지?
토토: 고마워요. 그동안 너무 잘해 주셨어요.
알프레도: 무슨 일을 하든 자신의 일을 사랑하렴. 네가 어렸을 때 영사실
         을 사랑했듯이.

〈시네마 천국〉은 시칠리아 한적한 시골 마을 영화관에서 영사
기를 돌리는 알프레도 아저씨와, 영화를 매우 좋아해 식구들 먹을
우유 살 돈으로 영화를 보는 어린 토토가 서로 마음을 주고받는
영화입니다. 토토는 영화관에 불이 나는 사고로 앞을 못 보게 된

알프레도 대신 영사기를 돌리게 됩니다. 알프레도는 전쟁터에서 돌아가신 토토의 아버지를 대신하고요. 앞서 살펴본 대화는 알프레도와 청년이 된 토토가 기차역에서 헤어질 때 마지막으로 나눈 이야기입니다.

영화 〈시네마 천국〉 포스터

이번에는 《내 복에 산다》는 옛이야기에서 가믄장아기가 집에서 쫓겨나는 장면입니다.

아버지: 첫째 은장아기야, 너는 누구 덕에 먹고 입고 사느냐?

은장아기: 아버님, 어머님 덕에 삽니다.

어머니: 둘째 놋장아기야, 너는 누구 덕에 먹고 입고 사느냐?

놋장아기: 아버님, 어머님 덕입니다.

아버지: 막내 가믄장아기야, 너는 누구 덕에 먹고 입고 사느냐?

가믄장아기: 아버님, 어머님 덕이기도 하지만 제 덕에 삽니다.

부모: 이런 불효막심한 것이 있나!

첫째와 둘째처럼 부모 마음 맞춰 가며 어리광 부리고 지냈으면 편하게 살걸, 가믄장아기는 공연히 말 한마디 잘못해 집에서 쫓겨납니다.

길 떠나면 고생 시작
하지만 길 떠나더니 사람이 됐네!

영화 〈시네마 천국〉에서 고향을 떠난 토토는 훌륭한 영화감독이 되었고, 오랜 시간이 지나 알프레도 아저씨가 돌아가셨다는 소식을 듣습니다. 그제서야 장례식에 참여하려고 고향으로 돌아오지요. 옛이야기 《내 복에 산다》에서도 길 떠난 막내딸 가믄장아기는 숲에서 나무꾼 형제를 만나 나무꾼 집에 머물게 됩니다. 그러다 세 형제 가운데 가장 부지런하고 착한 막내와 혼인합니다. 시간이 흐른 뒤 친정집에 찾아가니 집은 망해 거의 폐가가 되었고, 언니 둘은 온데간데없이 사라졌습니다. 부모님마저도 겨우겨우 살아가는 걸 가믄장아기가 모시고 와 잘살았다는 이야기로 마무리합니다.

이야기 속 주인공은 모두 집을 떠난 뒤 어려운 일을 겪으며 변화하고, 떠날 때와 달리 깨달음과 새로운 힘을 지닌 성장한 모습으로 돌아옵니다. 가믄장아기, 바리데기 공주, 홍길동, 주먹이처럼 옛이야기 속 주인공은 집을 떠나 온갖 어려움을 겪게 됩니다. 안타까울 정도로 힘든 일을 겪지요. 때로는 목숨이 위태로운 지경에 놓이기도 하고요. 이처럼 고통스럽고 힘든 일을 겪으며 처음 집을 떠날 때와 달리 조금씩 야무지게 성장합니다. 세상살이에 필요한 귀한 재주를 배우기도 하고요. 지내던 곳, 부모님의 그늘, 익숙한 곳, 편안한 곳에만 머물렀다면 이런 어려운 일을 겪지 않았겠지만,

깨달음도 새로운 재주도 생기지 않았겠지요.

길을 떠나 어려운 일을 겪어야만 내 안에 잠자던 재주가 깨어납니다. 〈시네마 천국〉에서 알프레도 아저씨는 영화를 대하는 토토의 애정과 숨은 재주를 읽어 냅니다. 고향에 머물면 그 아까운 재주가 피어나지도 못한 채 사그러질 것을 알고 토토에게 고향 마을을 떠나라고 단호하게 말하지요.

여기서 한 가지 놓쳐서는 안 되는 것이 있습니다. 알프레도는 토토가 어느 정도 성장해서 말을 알아듣게 되었을 때, 알맞은 때에 길을 떠나게 했다는 사실입니다. 토토는 갖가지 경험을 하면서 마음과 몸이 성장했습니다. 토토가 떠날 준비가 된 때를 읽어 낸 알프레도의 지혜를 배우고 싶습니다. 알프레도의 진심 어린 충고와 이를 받아들이는 토토의 마음이 하나가 되자, 토토는 헤어짐의 아픔과 낯선 곳에 대한 두려움을 가슴에 품고 과감히 고향을 떠나지요. 그리고 세월이 흐른 뒤 영화감독이 되어 고향으로 돌아옵니다. 세상을 떠난 알프레도를 추모하기 위해.

가믄장아기는 편안한 부모 품을 떠나 자기만의 삶을 찾아 떠납니다. 가믄장아기 부모는 세 딸이 마냥 어린아이로 부모 품에 머물기를 바라지만 막내 가믄장아기는 이런 부모의 바람을 뿌리치고 '내 삶은 내 거야!' 하며 독립을 선언합니다. 두렵고 낯선 바깥세상이지만 집을 떠나 갖가지 일을 겪으며 내 삶의 주인으로 우뚝 섭니다. 사랑을 받기만 하는 자리를 떠나 홀로 설 수 있는 힘, 더 나아가 사랑을 나누어 주고 남을 품을 수 있는 힘을 갖춥니다.

주인공들이 어려서부터 머물던 곳은 집, 부모의 품, 고향, 낯익은 곳입니다. 이곳은 내 몸과 하나입니다. 눈 감고도 돌아다닐 정도로 편안하고 안전하며 긴장감이 없어 평화롭기까지 하지요. 바깥세상에 견주면 아주아주 작고 좁은 공간이지만 태어나면서부터 살아온 곳이기 때문에 그곳이 세상의 중심이라고 여기고 만족하며 삽니다. 모든 이들이 나를 중심으로 나만 바라보며 움직인다고 믿습니다.

집에 그대로 머물면, 낯익고 편안한 곳에서 벗어나지 않으면, 힘든 일을 겪지 않습니다. 두렵고 힘든 일에 도전하고 맞서지 않아도 되지요. 목숨을 위협하는 상황에서 벗어나려고 몸부림치는 일도 일어나지 않습니다. 대신 시간이 갈수록 익숙하고 뻔한 일이 되풀이되는 지루한 하루하루를 살아가야 합니다. 내가 이 세상의 중심인 줄 아는 우물 안 개구리가 되고 맙니다. 그날이 그날인 무기력하고 지루한 삶, 사는 맛이 나지 않는 삶을 살아야 합니다. 인큐베이터 안에서 살아가는 삶이 되고 말지요.

집에 머물지 않고 길 위로 나섭니다. 고향, 집, 사랑하는 사람의 품을 벗어나려니 마음이 아프고 아쉬워 눈물이 나옵니다. 떠날까 말까 망설이기도 하고 뒤돌아보며 다시 돌아가고 싶은 마음도 듭니다. 하지만 주인공들은 뒤돌아보지 않고 길을 떠나요. 미련이 남아 되돌아보는 순간 비석이 되고, 소금기둥이 되고, 동물이 됩니다.

숲으로, 허허벌판으로, 바다로, 낯선 도시로, 땅속 세계로, 마법의 세계로 들어갑니다. 길은 세상으로 활짝 열려 있어 그 넓이와 크기와 깊이를 알 수 없습니다. 길 위에서 어떤 만남이, 어떤 일이 기다리고 있는지 모릅니다. 불확실하고 앞이 안 보이고 막막합니다. 또렷한 게 하나도 없습니다. 화가 있을지 복이 있을지 몰라 두렵고 무서워 머뭇거리고 망설입니다. 때로는 목숨 건 한판 싸움이 벌어질지도 모릅니다. 온갖 위험, 어려움과 아픔을 겪기도 하지만 은인, 신선, 도인, 마술사를 만나기도 하고요. 길을 떠난 이에게만 어려움을 헤쳐 나갈 지혜와 용기를 주는 은인이 나타납니다.

떠난 이만이 만들어 내는 것이 있습니다. 익숙한 곳에 머무는 이는 결코 갖지 못하는 힘을 내 안에서 만들어 내지요. 한 번도 본 적 없는 신기한 세상이, 눈길조차 주지 않던 것이 가슴 안으로 들어오기 시작합니다. 두렵고 무서워 피하고 싶은 시련과 고통스런 일을 겪습니다. 어려운 고비를 넘고 벽을 깨고 악마를 물리치며 끝없는 길을 걸어갑니다. 이 과정에서 성취감, 자신감을 얻고, 내 안에 중심이 서고, 눈이 뜨이며, 감히 하지 못하던 것을 할 수 있는 힘이 솟아납니다. 그 힘으로 나를 살리고 세상을 구합니다.

교육은 낯선 길을 나서서
나와 세상을 발견하는 것

'익숙한 곳을 떠난다' '길을 떠난다' '쫓겨난다' '갖은 어려움을 겪는다'는 말은 '교육, 배움, 깨달음'과 같은 뜻입니다. 아이가 커서 홀로 먼 곳으로 떠나고, 결혼해 가정을 꾸립니다. 몸만 떠나면 독립일까요? 아무리 먼 곳으로 떠나도 마음이 부모 곁에 머물며 중요한 결정을 스스로 내리지 못하고 심리적으로 부모를 의지한 다면 독립한 게 아닙니다. 부모가 사는 집에 같이 머물더라도 자기 일에 부모의 조언은 들을지언정 스스로 판단하고 책임져 뒷감 당을 해낸다면 이것이야말로 진정한 독립입니다.

배움과 깨달음은 낯설고 두려운 것을 피하지 않고 온몸과 마음으로 부대끼며 노력할 때 일어납니다. 졸리고 귀찮은 걸 참고 벌떡 일어나 스스로 준비해서 학교에 갑니다. 하기 싫은 공부를 참고 할 수 있는 만큼 해 봅니다. 풀어도 풀어도 안 풀리던 문제를 며칠 동안 끙끙대다 마침내 풀어내기도 하고 기꺼이 접기도 합니다. 상대 아이가 왠지 두렵고 어려워 망설이다 마침내 자기 마음을 말로 전합니다. 미운 감정을 녹여 내고 관계를 되돌립니다. 준비물을 안 가져왔을 때 선생님에게 도움을 요청하든, 재활용품 모아 놓은 곳을 뒤적이든, 다른 아이들에게 빌리든, 수업에 어려움이 없도록 스스로 해결합니다.

이 모든 일이 낯설고 두려운 세상을 향해 길을 떠나는 일입니다. 리코더가 안돼 쩔쩔매다 눈이 벌게지고 입술이 부르트도록 연습해서 마침내 듣기 좋게 연주를 해내는 것도 길을 떠나는 것입니다. 온갖 어려움을 겪고 나서 깨달음과 지혜를 얻어 새로운 사람으로 거듭나는 것과 다르지 않습니다.

교육은 낯익은 것에 머물지 않고 길을 떠나는 것입니다. 부모는 영화 〈시네마 천국〉의 알프레도 아저씨처럼 아이들이 알맞은 때 길을 떠나도록 조언하고 부추겨 주고 격려하며, 아이가 흔들릴 때는 꽉 붙잡아 주는 사람입니다. 토토와 가믄장아기처럼 낯익은 것에 머물지 않고 길을 나서는 사람만이 깨달음을 얻어 나와 둘레 사람, 그리고 세상을 구할 수 있습니다.

※ 신동흔 작가가 쓴 책《왜 주인공은 모두 길을 떠날까?》를 읽고 나서 부모들과 생각을 나누기 위해 쓴 글입니다.

꽃길만 걸으라고요?
재미없어요

아이들은 날마다 자랍니다.

"녀석, 하루가 다르네. 선생님보다 더 크겠다."

"달라졌어. 변하는 시기구나. 의젓하다."

"책 읽고 쓴 글을 보니 생각이 넓고 깊어졌어."

"리코더 소리가 맑아졌네. 텅잉도 제법이고. 지난주와 다르네."

"어제 과제로 내준 분수의 통분을 정확히 이해하고 왔어. 애썼다. 이제 덧셈을 해 볼까?"

이 모두를 낱말 하나로 표현한다면 '변화, 달라짐, 성장, 발달'이라 할 수 있습니다. 키처럼 눈에 확실히 보이는 것도 있고, 전체적인 느낌과 분위기로 읽어 낼 수 있는 변화도 있습니다. 아니면 말과 글에서 나타나는 생각과 글쓰는 힘의 변화도 있고요. 악기 연습을 꾸준히 해서 악기를 다루는 능력이 나아기도 합니다. 어려워하던 수학 문제를 풀기도 하고요.

변화에 맞춰 도전하고
성취감을 맛보도록 도와주는 것이 교육

리코더 연주는 마음먹고 시간과 정성을 들여 가며 연습을 되풀이해야만 원하는 수준에 이를 수 있습니다. 처음에는 리코더를 정확하게 잡고 간단한 연습곡으로 운지법을 익힙니다. 이게 된다 싶으면 조금 더 욕심내 텅잉 호흡법에도 도전합니다. 이 모든 게 어느 정도 몸에 익었을 때 연습곡 수준을 서서히 높입니다.

처음에는 느리고 쉬운 곡을 연습하는 것도 안되어 쩔쩔맵니다. 화를 내거나 포기하고 싶은 마음이 솟아오르기도 해요. 마음먹은 대로 손가락이 움직여지지 않고요. 운지법이 되는가 싶으면 호흡이 엉킵니다.

어려움을 참고 견디는 힘이 필요합니다. 바로 이 순간, 아이마다 지닌 특성이 드러나면서 내 것으로 받아들이는 데 차이가 나기 시작합니다. 소리에 민감한 성향을 지니고 있을 수도 있습니다. 엉덩이 붙이고 오래 앉아 하는 일이 어렵지 않은 아이도 있고, 돌아다니는 걸 좋아하는 아이도 있습니다. 아이마다 특성이 다르기 때문에 받아들이는 과정에서 차이가 나는 것은 당연합니다.

부모는 아이가 다른 아이보다 더 빨리 높은 수준에 오르길 바랍니다. 그런데 빨리 받아들이고 늦게 받아들이고는 그다지 중요하지 않습니다. 어떤 것이든 새로운 것을 배우는 과정에서는 정도의 차이가 있을 뿐 마음먹은 대로 쉽게 되지 않습니다. 노력하는데도 바라는 수준에 오르지 않습니다. 마음먹은 대로 안 될 때 초조해하거나 힘들어하며 쉽게 포기하고 싶은 마음이 들기도 합니다. 바로 이런 마음의 변화를 견뎌 내며 '나에게 맞는 도달 목표'까지 꾸준히 정성껏 노력하는 태도가 중요합니다. 이런 태도를 기르는 것이 리코더 교육의 목표이고, 다른 모든 교육의 목표입니다.

여기에서 '나에게 맞는 도달 목표'가 매우 중요합니다. 아이들마다 도달해야 할 목표가 기계로 찍어 낸 것처럼 똑같아서는 안 됩니다. 아이들마다 알맞은 도달 목표를 잡아야 성취감을 느낄 수 있습니다. 한 걸음을 가야 두 걸음 갈 수 있는 것과 같은 이치지요.

부모가 해야 하는 가장 중요한 역할은 첫째, 아이들마다 알맞은 도달 목표 세우기입니다. 둘째, 아이가 혼자 힘으로 하다 하다 도저히 안 되겠다 싶은 순간에 알맞게 도와주는 것입니다. 적절한 방법으로 살짝 막힌 길을 터 주거나, 길 트는 방법을 아이와 같이 의논해서 깨닫게 해 줍니다. 셋째, 다른 아이와 견주어 가장 높은 수준에다 아이를 끌어 맞추려는 욕심을 조심해야 합니다. 부모로서 더 잘하는 아이로 만들고 싶은 욕심이 자꾸 솟아오릅니다. 아이가 정성껏 노력해 일어나는 작은 변화에 감동하며 아이를 북돋워 주려면 남과 견주어 보는 마음을 떨쳐 내야 합니다.

도달 목표는 곧 아이들마다 가슴에 품는 자기만의 히말라야 최고봉입니다. 그것이 리코더일 수도 있고, 글쓰기일 수도 있고, 분수의 덧셈, 또는 친구들과의 갈등일 수도 있습니다. 아이가 이 모든 것 앞에 마주 설 때마다 자기만의 히말라야 최고봉에 오르려고 호흡을 가다듬고 마음의 준비를 합니다. 자기만의 최고봉에 올라본 아이는 그 짜릿한 기쁨을 알기에 이전보다 조금 더 힘든 봉우리에 도전하고 싶은 마음이 생겨나지요. 성공 경험은 도전하는 힘, 모험에 나설 힘을 선물로 줍니다. 바로 자기 삶의 주인으로 우뚝 설 힘입니다.

꽃길만 걸으라고요?
재미없어서 싫어요

다시 리코더 이야기로 돌아가겠습니다. 사실 리코더 연주를 하려면 손가락을 섬세하게 움직이는 힘, 호흡을 조절하는 힘이 필요합니다. 교육 경험과 연구 결과를 근거로 삼아 아이들에게 이런 힘이 생긴다고 판단되는 나이의 학년 교육과정에 리코더 연주를 넣습니다.

이런 판단은 어디까지나 일반적인 판단입니다. 아이마다 살아온 과정이 다르고 경험치와 지닌 특성 또한 다르기 때문에, 같은 나이라도 리코더를 배우는 과정에서 아이들마다 보이는 반응은 저마다 다릅니다. 하지만 여기서 또 중요한 것이 있는데요. 준비를 완벽히 한 다음에 리코더를 배우면 화나고 짜증나고 실패하는 경험 없이 리코더를 배울 수 있지 않을까 하는 생각도 듭니다. 이론으로는 맞는 말입니다.

자기 능력에 딱 맞는 연습
곡이 주어지면 실력이 빠르
게 늘어서 리코더에 푹 빠져
들 것 같지만 그렇지 않습니
다. 주어진 과제 그러니까 리
코더 연주곡 수준이 아이의
수준과 딱 맞으면 심심해하
거나 지루해합니다. 연주곡이
자기 수준과 딱 맞다 보니 긴

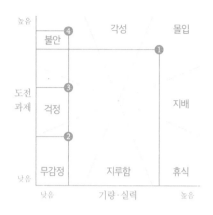

〈도전 과제와 기량·실력의 함수 관계〉
미하이 칙센트미하이 《몰입의 즐거움》에서 발췌

장하면서 도전할 까닭을 느끼지 못합니다. 되풀이해서 연습하고
노력해야 할 필요가 없습니다. 가볍게 몇 번만 연주해 봐도 쉽게
되기 때문이지요. 담임교사가 아이 상태를 잘못 파악하고 쉬운 곡
을 주면 이런 말을 합니다.

"선생님! 리코더 재미없어요. 언제까지 해요?"

위 그래프에서 ②번은 갖춘 기량도 주어진 과제도 모두 수준이
낮습니다. 재미가 없어서 해도 그만 안 해도 그만입니다. 이럴 때
아이가 할 수 있는 말은 이것뿐입니다.

"그냥 그래요. 어렵지도 않고 재미도 없고……. 리코더 언제까지
해요?"

③번은 아이의 기량은 낮은데 도전 정도, 난이도가 높습니다. 마
음이 흔들립니다. 아이는 자기가 갖춘 기량은 2정도인데 난이도가
4정도인 과제가 주어진 겁니다. 두렵고 걱정하는 마음이 생깁니

다. 어른들은 "안 되면 되게 한다" "하면 된다" 하며 밀어붙일 수도 있습니다. 아이들은 어른이 큰 보상을 주면서 강요하면 해낼 수도 있습니다. 이런 말을 하면서요.

"해 볼게요. 그런데 너무 어려워요. 솔직히 자신 없어요."

하지만 그 부작용으로 다시는 그 일을 쳐다보지 않을 수도 있습니다.

④번은 아이가 갖춘 기량에 견주어 매우 높은 수준의 연주곡을 준 경우입니다. 이건 걱정과 두려움 정도가 아니라 해 보겠다는 마음도 못 먹습니다. 아이 스스로 압니다. 이걸 해낸다는 건 도저히 있을 수 없는 일이라 생각하고 도망가고 싶어집니다. 주어서는 안 될 과제를 준 것이지요. ④번 과제를 주면 아이는 시작도 하지 않고 포기합니다. 아이를 아는 사람은 아이가 포기한 게 현명한 판단이라고 볼 것입니다.

①번은 기량도 높고 주어진 과제도 높습니다. 그래서 스스로 만족감도 높고 다른 사람들의 부러움과 칭찬이 쏟아집니다. 이런 과제가 주어지면 스스로도 깊숙이 빠져들고 몰입합니다.

'꽃길만 걸으라'는 인사말에 담긴 뜻을 저는 이렇게 해석하고 싶습니다. 사람마다 지닌 특성과 능력에 맞게 적당히 어려운 길을 걸으며 살면 좋겠다는 뜻으로요. 그러나 아이들과 학교에서 지내다 보면 많은 부모가 아이 앞에 놓인 어려움을 견디지 못하는 모습을 자주 봅니다. 그야말로 고개나 험한 산, 냇물과 강, 그리고 비바람은 맞지도 말고 그저 예쁜 꽃이 핀 평평한 길, 손발에 물 묻히지 않고 걸을 수 있는 길만을 원하는 분들을 볼 때 무척 힘듭니다. 왜 내 아이 앞에 그런 언덕이 있냐고, 도대체 그 산을 우리 아이가 어떻게 넘으라고 그런 과제를 주냐고 이의를 제기할 때 교사는 좌절합니다. 이런 흐름대로 간다면 시간이 갈수록 아이들이 치루어야 할 고통과 희생이 너무 크기에 안타깝기만 합니다.

교육은 아이의 특성에 맞는 난이도를 가진 과제를 주는 것입니다. 그러면서 아이들은 자기 가슴속에 자기만의 산봉우리를 만들고, 도전하면서 짜릿한 성취감을 맛보고, 다시 또 새로운 봉우리를 만들어 도전하면서 즐겁게 자기 삶을 살아갑니다. 아이들뿐만 아니라 우리 모두는 가슴속에 자기만의 봉우리를 만들고 거기에 도전하면서 살아갑니다. 산 타는 분에게 '왜 산에 오르냐'고 물으니 '거기에 산이 있어서 오른다'고 한 말을 다시 떠올립니다.

흔들리며 자라는 아이들

교육은 '만남'입니다. 사람을 만날 수도 있고 자연, 책, 음악, 행운, 불행…… 많은 것을 만날 수 있습니다. 만남은 사람 마음을 뒤흔들어 변화를 가져옵니다. 만나기 전과 만난 뒤가 다른데요, 이런 걸 우리는 깨달음, 배움, 성장과 발달이라고 말합니다.

5학년 담임일 때 만난 '지각하는 아이'는 저에게 지각과 아이들을 바라보는 눈을 뒤흔들어 놓았습니다.

아침마다 십 분은 기본이고, 삼십 분, 한 시간씩 늦게 옵니다. 수업이 무르익어 갈 때 뒷문을 쓱 열며 들어오는 아이를 안 좋은 눈빛으로 바라보곤 했습니다. 반 아이들도 비슷한 표정으로 쳐다봅니다. 그 아이 얼굴은 어둡고 눈빛에는 생동감이 없어 가라앉은 기운이 가득합니다. 누가 흉을 보거나 무시하는 말을 해도 무심하게 눈빛만 움직이는 듯 마는 듯, 받아들이며 혼자 지내는 아이.

그러던 어느 초여름 아침 9시 30분 무렵, 아이들에게 해야 할 과제를 내주고 잠깐 3층 교실에서 창밖을 내다보았습니다. 그 아이가 2학년 여동생 손을 잡고 무심하고 우울한 표정으로 교문 맞은편에서 횡단보도를 건너오는 게 보였지요. 곧 잠겨 있는 교문 옆쪽문으로 들어섭니다. 동생 손을 잡고 쪽문을 빠져나오는 순간 자매는 마치 약속이라도 한 듯 아무도 없는 넓은 운동장을 말없이 바라봅니다. 한동안 그렇게 넋 나간 사람처럼 보고 있습니다.

그 순간 초등학교 시절 지각하던 제 모습이 떠오르면서, 두 자매의 마음이 느껴졌습니다. 운동장에는 아무도 없고 수업하는 소리만 들립니다. '나는 교실에 있는 친구들과 달라. 규칙을 어기는 아이, 모자란 아이야' 같은 생각이 밀고 올라옵니다. '나만 뚝 떨어져 외롭게 서 있구나' 하는 생각에 눈물이 나오고…….

'얼마나 외로울까?' 아이 처지를 조금이나마 공감하게 되었습니다. 그제서야 아이가 아침마다 늦는 까닭을 살피게 되었습니다. 그 전에도 아이가 지각하는 까닭을 말해 주었건만 제 마음으로 붙잡지 못했던 것입니다. 부모님은 먹고사느라 밤늦게 집에 들어오고 새벽에 일하러 나가신다네요. 나가기 전에 간단하게 밥상을 차려놓으면, 언니가 동생 밥을 믹이고 학교에 오느라 날마다 늦었던 것입니다. 그 아이에게 이렇게 말했습니다.

"앞으로 늦게 와도 괜찮다. 대신 들어올 때 수업 흐름만 끊어지지 않게 해 봐, 아이들에게 미안한 표정 짓지 않아도 돼."

그 뒤로 그 아이와 가볍게 이야기를 여러 차례 나누었고 반 아이들 앞에서 원칙을 세웠습니다.

"동생이랑 밥 챙겨 먹고 늦게 와도 된다. 그거 어른도 하기 힘든 일이야. 그 일 잘 하고 천천히 오거라. 그게 아침에 해야 할 중요한 공부다."

아이는 조금씩 일찍 오기 시작했고 얼굴에는 밝은 기운이 서서히 돌았습니다. 친한 친구도 생기고요. 학기 말 어느 날에는 제가 출근하자마자 달려와 큰소리치더군요.

"선생님, 저 오늘 8시 20분에 학교 왔어요."

헤아릴 수 없이 많은 꽃이 있습니다. 눈에 잘 보이지도 않는 아주 작은 꽃도 있고, 큰 꽃도 있습니다. 일찍부터 피어 사람들의 눈길을 끄는 꽃도 있지만 다른 꽃이 다 피고 난 뒤에야 구석에서 홀로 피어 눈에 잘 띄지 않는 꽃도 있습니다.

아이들도 마찬가지입니다. 얼마나 예쁜 꽃인지가 중요한 게 아니고, 누가 예쁘게 보아 주는지도 마음 쓸 일이 아니더라고요. 꽃에 대해 말하려면 그 꽃이 피기까지 애태우며 걸어온 길을 알아야 합니다. 애태우는 마음이 저렇게 꽃으로 피어났으니까요.

아버지 이름이
기억나지 않아요

파견 교사로 어느 초등학교에서 두 해 동안 지낼 때 이야기입니다. 본교에서 5학년 학생 다섯 명과 지내다 이듬해 분교가 폐교되면서 셋이 더 와 여덟 명이 6학년을 보냈습니다. 졸업을 앞두고 중학교 원서를 써야 하기에 공부 삼아 면사무소에서 주민등록등본을 떼어 보는 수업을 하기로 했습니다.

"오늘은 면사무소에 가는 날이다. 주소하고 세대주 이름 알아 왔어?"

공책을 꺼내 보여 주는 아이도 있고 다 외웠다는 아이도 있는데 민식이만 조용합니다. 짚이는 게 있어 잠깐 불렀습니다.

"못 해 왔어?"

"······."

민식이 어머니는 민식이가 세 살 무렵 가출해 얼굴도 모르고 아버지는 알코올의존증과 병으로 고생하다 지난해 돌아가셨습니다. 당뇨 합병증으로 앞을 못 보는 할머니와 단둘이 사는 녀석. 그래도 아버지 이름 정도는 알 줄 알았는데 아차 싶었습니다. 수업 내용을 바꿨습니다.

"오늘은 주민등록등본 말고 호적등본 떼는 수업으로 해 보자. 미성년자라 발급해 줄지 모르지만 일단 가 보자."

지금은 개인정보보호 때문에 쉽지 않지만, 그때 근무하던 곳은 면사무소 직원이 동네 아이들을 잘 알 정도로 좁은 지역이기도 하고, 면사무소에 담임이 교육활동을 하겠다고 학교 이름으로 미리 도움을 요청해 두어 호적등본을 발급받을 수 있었습니다. 발급받은 호적등본으로 학생들마다 자기 집안 흐름을 살펴봤습니다. 수업을 다 끝내고 민식이를 불러 단둘이 이야기했습니다.

"민식아! 이분들이 네 할아버지, 할머니다. 그리고 이분은 네가 세 살 때 집을 나가 얼굴도 모르는 어머니고…… 마음이 안 좋겠지만 어쩌냐. 알아 두자. 이분이 돌아가신 아버님이다. 등본을 봉투에 넣어 줄 테니 다른 사람은 몰라도 아버지 이름이랑 네 주민번호는 꼭 외워 둬."

녀석이 가슴에 담고 있을 아픔이 안타까워 마음이 아리지만 밑줄 그어 주며 다짐하듯 말했습니다. 그 아픔을 다 헤아리진 못하지만, 견뎌 내고 새로운 길을 만들어 가길 바라면서…….

어머니에게는
말씀드리지 말아 주세요

6학년 담임할 때 이야기입니다. 출근하자마자 오늘 하루 동안 해야 할 일을 정리하는데 교실 문이 열리더니 괄괄한 이 선생이 우리 반 석이를 데리고 들어왔습니다.

"선생님, 아침부터 이놈이 사람 열 받게 만들어요."

"무슨 일이 있나 보네요?"

"저기 중학교 담 구석에 개나리 많이 핀 곳 있잖아요. 거기서 이 녀석이 나오기에 이상해서 가 보니 눈빛이 흔들려요. 제가 누굽니까. 손 냄새를 맡아 보니 담배를 피웠잖아요. 나 참, 이제 6학년이, 그냥 확!"

이 선생은 나가고, 죽을죄 지은 사람처럼 고개를 들지 못하는 석이와 둘이서 이야기를 나누었습니다.

"선생님, 어머니에게는 말씀드리지 말아 주세요."

"뭐 죽을죄 진 것도 아니고, 다른 건 몰라도 네 건강을 걱정해서 그러지. 나중에 우리 아들이 담배 피운 이야기를 왜 안 해 줬냐고 하면 어쩌냐?"

"앞으로 절대로 안 피울게요. 제발요."

그 뒤로 석이 어머니와 상담을 몇 번 하면서도 담배 이야기는 운도 띄우지 않았습니다.

그렇게 한 해가 가고 졸업을 앞둔 어느 날, 어머니가 마무리 상담하러 찾아오셨습니다. 이런저런 이야기를 편하게 나누는데 느닷없이 물어봅니다.

"선생님, 아들에 대해 솔직하게 말씀해 주세요."

"담임으로서 아이 인생에 보탬이 되는 건 다 말씀드렸는데요."

석이 어머님은 막힘이 없는 분이라 마음이 잘 통해서 긴장감 없이 이야기했는데 뭘 또 솔직하게 말해 달라는 건지 살짝 긴장이 되었습니다.

"어제 졸업 기념으로 아들과 손을 잡고 함께 잤어요. 아들이 고백하더라고요. 자기가 담배 피우다 선생님에게 걸렸다고. 담임 선생님이 그 말 안 하시더냐고."

"나 원 참, 나보고 비밀 지키라더니 지놈이 먼저 고백을 했네요."

석이 어머니는 아들을 믿어 주어 고맙다고 했습니다. 세월이 흘

러 석이가 청년이 된 다음 만났습니다. 그 뒤로 담배는 안 피운다
는 말을 듣고 웃었습니다.

'나다움'을 마음껏 펼치면서
아름다운 숲을 이루기를

숲에는 온갖 나무가 많습니다. 큰 나무, 작은 나무, 심지어는 눈
에 잘 보이지 않는 작은 이끼까지, 수많은 생명들이 어우러져 있
습니다.

북한산에 올라가다 보면, 인수봉 큰 바위틈 외롭고 위태로운 곳
에 자리 잡고 자라는 소나무가 눈에 띕니다. 어떤 나무는 아주 기
름진 흙 위에 자리 잡기도 하고요. 물을 싫어하는 나무인데 물가
에 자리 잡거나, 큰 나무 옆에 뿌리내려 빛이 모자라 가늘고 삐쭉
하니 키만 큰 나무도 있습니다.

숲에 온갖 나무와 생명이 어우러져 살 듯 학교와 교실에도 갖
가지 사연을 안고 살아가는 아이들이 함께 지냅니다. 어떤 아이는
경제적으로도 문화적으로도 넉넉한 환경에서 자라고요. 어떤 아
이는 바위틈에서 거센 비바람과 뜨거운 햇볕을 맞으며 자라는 나
무처럼 안타까운 환경에서 자라기도 합니다.

아이들이 자기가 놓인 자리 때문에 우쭐대거나 위축되지 말고
서로 보듬어 주며 함께 자라 울창한 숲이 되면 좋겠습니다. 큰 나

무든지, 작은 나무든지, 가지 몇 개 부러졌든, 쭉 뻗었든 그 어떤 것도 더 나을 것도 없고 못난 것도 없다는 마음으로 살아가길 빕니다. 모든 생명이 '나다움'을 마음껏 펼치면서 아름다운 숲을 이루면 좋겠습니다.

꽃은 저마다 피는 때가 다르다

어린 시절 겪은 일을 이야기해 보겠습니다. 1970년대 많은 사람이 그리 살았듯 저는 집안 형편이 어려워 초등학교만 졸업하고 중학교에 가지 못했습니다. 전기도 들어오지 않는 산골 외딴집에서 농사지으며 지냈습니다.

학교에 다녔다면 중학교 2학년이 되는 해였습니다. 봄기운이 온 천지에 가득해 봄꽃이 그야말로 난리가 난 어느 날이었어요. 지붕도 없고 돌담만 두른 변소에 다녀오며 어머니에게 말했습니다.

"엄마, 대추나무가 아까워요. 대추알도 굵고 정말 맛있는데."

"뭔 일이 있어?"

"변소 앞에 있는 대추나무 말이에요, 죽었어요. 거뭇거뭇하고 바싹 마른 게 눈도 안 텄어요. 다른 나무는 잎 나고 꽃도 폈는데."

어머니는 부엌 아궁이 불을 잘 봐 놓고 저와 같이 변소 앞으로 갔습니다. 대추나무를 보고 줄기를 잠깐 만져 보더니 다시 말을 합니다.

"아녀, 건강하고 멀쩡허다."

"목련은 진작 폈다 졌고 개나리도 지고. 저기 봐요. 진달래도 저렇게 끝물인데 대추나무는 잎도 안 났잖아요."

"그러긴 허네. 그러면 대추나무 아래쪽 가지 끝을 꺾어 봐."

대추나무 가시를 피해 가지 끝을 조심스럽게 붙잡는데 죽은 삭정이를 만질 때와 완전히 다른 기운, 뭐랄까 팽팽한 생명력이 느껴집니다. 죽은 삭정이와 다르게 한참 꺾어도 부러지지 않고 휘더니, 껍질이 갈라지며 속에 푸릇푸릇한 색이 보이자마자 탁 하고 꺾이면서 얼굴에 물방울이 튀었습니다.

"대추나무는 때를 기다리고 있는 거다. 눈이 쌓여 있는 대보름 날 무렵부터 땅기운이 달라지는 걸 귀신같이 알고 물도 양분도 빨아올리고 있지. 겉모양은 시커멓고 거뭇거뭇하지만 지 할 일을 하고 있다니까. 봄 맞을 채비를 하는 거야. 가지 끝까지 물도 양분도 밀어 올려 놓고는 기다린다고. 그러고는 지가 나와야 할 때가 되믄 슬그머니 잎 내고 꽃 피우지. 다른 놈들처럼 울긋불긋 요란 떨지도 않아. 사람들은 대추나무가 꽃을 피운다고 하면 깜짝 놀란다니까. 그래도 제사상에 오르고 아픈 사람 약으로도 쓰이는 건 대추 아니냐."

어머니는 대추나무나 대추가 보일 때마다 가끔 이 이야기를 되풀이해 주었습니다. 그 뒤로 저는 학교는 못 가고 농사짓다 이발 기술도 배우고 채소 장사도 하고 공장일도 하며 지냈는데, 어느 날 어머니가 해 준 대추나무 이야기가 떠올랐습니다. 자식이 학교 못 다니는 건 둘째 치고 아이들과 어울리지도 못하는 형편이니 어머니 속이 어땠을까요. 안타까운 마음을 한쪽 옆으로 밀어 놓고 자식에게 대추나무 이야기를 되풀이해 들려준 것입니다.

"너는 늦되는 아이다. 대추나무처럼 나중에 네가 하고 싶은 일을 할 거여."

아마 이렇게만 말해 주었다면 지금까지 기억하시 못헸을 것입니다. 어른들이 하는 흔한 잔소리라 여기고 한 귀로 흘렸을지도 모르지요.

눈에 띄는 변화에만 쏠리는
사람 마음

이른 봄 꽃샘추위에 피어나는 산수유나 목련, 진달래 같은 꽃은 눈에 확 들어옵니다. 색이 눈에 띄지 않거나 크기가 작고 조그만 꽃은 눈에 들어오지 않습니다. 특히 대추나무꽃은 꽃처럼 보이지 않아 눈길을 끌지 못합니다. 화려하지도 않고 작고 향기도 별로 나지 않다 보니 사람들은 대추나무에 꽃이 핀 줄도 모르고 지나가지요. 가을이 되어 열매를 맺은 대추만 눈에 들어옵니다.

소와 말이 달리기 시합을 한다고 생각해 볼까요? 소는 되새김질을 하며 느릿느릿 걸어갑니다. 말은 땅을 뒤흔드는 요란한 소리를 내며 달립니다. 말에 견주면 소는 미련하다는 소리를 들을 만큼 느립니다. 초조함도, 다급함도 없지요. '하늘이 무너져도 저러고 갈 것'이라는 소리를 들어도 싸다고 할 정도입니다. 하지만 누가 더 좋고 나쁘다며 견주는 것은 어리석은 일입니다. 말은 말다운 방법으로, 소는 소다운 방법으로 자기 길을 갈 뿐인데 사람들이 난리입니다.

모든 꽃은

피는 때가 다르다

비닐하우스나 집 안이 아닌 자연에서 피는 꽃은 모두 자기에게 맞는 때, 제때를 알고 있습니다. 알맞은 때에 맞춰 꽃을 피웁니다. 산수유가 철쭉 필 때 피고 목련이 나리꽃 필 때 핀다면 때를 모르는 꽃, 철모르는 꽃입니다. 그 누구도 철쭉이 왜 산수유랑 같이 피지 않느냐고 안달복달하지 않습니다. 다그치거나 밤새 걱정하지도 않고요.

아이들과 교실에서 지내다 보면 마치 숲을 본다는 생각이 듭니다. 소나무도 있고 참나무도 있고 진달래도 있고 철쭉도 있습니다. 도라지도 있고 양지꽃도 있고 제비꽃도 있고 잔디도 있고 억새도 보입니다. 어쩌면 이리도 다를까 싶습니다. 그런데 사람들이 제비꽃을 아주아주 좋아한다고 소나무보고 '제비꽃 되거라, 제비꽃 되거라' 하면 어떤 일이 벌어질까요? 그게 가능할까요? 요즘은 돈 들여 유전자를 바꾸어서라도 모두 다 제비꽃으로 만들고 말겠다는 결기가 느껴집니다.

교육은 자기답게 살아갈 수 있도록
아이 곁에 함께하는 일

부모 마음은 한결같습니다. 아이들이 밝고 건강하고 행복하게 살기를 바라지요. 되도록 어려운 일, 힘든 일은 겪지 않으며 꽃을 피우고 열매 맺기를, 큰 나무가 되기를 기도합니다. 그러나 잎이 나고, 꽃이 피고, 열매를 맺는 일은 다 때가 있습니다. '그때'는 아이들마다 다릅니다. 산수유는 어떤 나무보다 일찍 꽃피우지만 대추나무는 늦게 꽃피우고 잎을 냅니다. 대추나무는 대추나무이지 아무리 거름을 잘 주고 가지를 기막힌 솜씨로 쳐도 사과나무가 될 수는 없습니다. 대추나무는 대추나무다운 모습으로, 사과나무는 사과나무다운 모습으로 살아갑니다.

우리는 자식을 키우는 내내 가슴앓이합니다. 불안해하고, 밤잠을 설치며 울기도 합니다. '남의 집 아이들은 학교에 잘 다니는 것 같은데, 우리 아이는 학교 한번 가려면 왜 이리 사연이 많을까? 머뭇거리고, 어디가 아프다 꾀병을 부리고, 학교에 안 가는 날이 차츰 늘어나더니 공부에는 관심도 안 주네.' '왜 우리 아이는 글쓰기나 수학 같은 공부를 어려워 할까?' '왜 우리 아이는 말이 어눌할까?' '왜 선생님이나 친구한테 하고 싶은 말을 시원하게 못 할까?' '밥 먹는 게 느려서 급식 시간에 제대로 먹기나 할까?' '숫기가 없어서 발표도 못 하고, 얌전하게 앉아만 있네.' 이렇게 자식 걱정은 끝이 없습니다.

아이들마다 발달 속도가 다릅니다. 어떤 아이들은 대추나무처럼 잎과 꽃이 늦게 납니다. 자라나는 모습도 다 다르지요. 대추나무는 나이를 많이 먹어도 몇 아름씩 굵어지지 않습니다. 어떤 나무는 똑같은 세월을 보내도 한 아름이 넘는 굵기로 자랍니다.

우리 아이의 발달이 정말 늦을까요? 아니면 부모가 아이를 바라보는 기준이 높은 걸까요? 부모는 조심스레 살펴보아야 합니다. 우리 아이가 또래보다 많이 늦다면, 교사나 전문가의 특별한 도움을 받아야겠지요. 그러나 대추나무에서 사과가 열리기를 바라는 마음으로 아이를 키우고 있는 건 아닌지 돌아보면 좋겠습니다. 만약 그렇다면, 대추나무인 아이는 얼마나 괴로울까요? 대추나무에게 사과나무에 맞는 거름을 주고, 사과나무처럼 가지치기를 한다면 많이 힘들 것입니다.

나무마다, 아이들마다 자기만의 모습이 있습니다. 대추나무를 보며 떠올립니다. 아이들이 저마다 자기답게 살아갈 수 있도록 부모와 교사는 아이 곁에서 믿고 기다려야 한다는 생각을.

2장

부모와 교사가
손발 맞추기

부모가 교사를 믿을 때
일어나는 변화

교실에서 아이들과 지지고 볶으며 하루하루 살아가는 게 교사의 삶입니다. 마음으로야 모든 아이들을 다 따스하게 품어 건강하고 밝고 행복하게 살아가도록 북돋워 주고 싶지요. 몸과 마음이 아픈 아이도, 학습 능력이 뒤떨어지는 아이도, 아이들과 자주 부딪치고 갈등을 일으키는 아이도, 마음껏 자기를 표현하지 못하는 아이도 얼른 좋아지도록 도와주고 싶지만 생각처럼 잘 되지 않습니다. 모든 아이들이 건강하고 사이좋게 지내고 공부도 잘 하도록 교육하고 싶지만 현실은 만만치 않습니다.

아이를 너무너무 사랑하지만 뜻대로 되지 않아 뜬눈으로 밤을 지새우는 사람이 또 있습니다. 바로 부모지요. 배 속에 아기를 갖는 순간부터 건강하고 밝고 지혜롭게 자라도록 도와주려고 갖은 애를 씁니다. 아이에게 보탬이 된다면 힘이 닿는 한 모든 걸 해 보려고 몸부림칩니다. 기도하는 마음으로 온갖 정성을 들이건만 늘 아쉬워요. 뭔가 더 잘해 줄 것이 있는데 내가 모자라서, 먹고사느라 못 챙겨서 아이가 어려움을 겪는다는 생각이 들어 마음이 아픕니다. 그러다가도 '흔들리면 안 되지, 내가 더 지혜로워지고 더 단단해져야지' 하면서 부모는 다시 힘을 냅니다.

부모와 교사는
아이를 위해 만나는 사이

아이를 조금이라도 더 잘 키우려고 마음 쓰는 사람이 부모고 교사입니다. 그러나 완벽한 준비를 한 다음에 부모가 되거나 교사가 된 사람은 없습니다. 준비를 다 한 다음 아이들을 키우면 좋으련만 시간은 인정사정없이 흐르고 아이들은 커 갑니다. 교육은 흐르는 시간 속에서 준비가 덜 된 부모와 교사가 정성껏, 할 수 있는 만큼 노력해 보는 것입니다. 우리를 키운 어른들도 그랬습니다.

아이를 사랑하는 마음만 가득했지 사랑을 표현하는 방법도, 아이가 어려운 일을 겪을 때 도와주는 방법도 서툴러요. 모르는 것도 많고 세상살이 헤쳐 나가는 지혜도 부족하지만, 아이는 부모와 교사를 바라보며 믿고 삽니다. 자기 삶도 버거운 게 어른인데 아이는 어른만 바라봅니다. 그래서 더 힘듭니다.

부모와 교사의 한계와 부족함을 메우는 길이 있습니다. 바로 부모와 교사가 서로 믿고 손을 잡는 것입니다. 서로 믿음을 갖고 아이 곁에서 노력할 때 기적이 일어납니다. 서로 믿을 때 어떤 변화가 일어나는지 교사로서 겪은 제 경험을 이야기해 보겠습니다.

엄마 아빠가 믿고,

내가 좋아하는 든든한 선생님이 있는데

뭐가 무서워?

　1학년 담임할 때 일입니다. 입학식을 마치고 아이들과 부모님들이 모두 떠난 뒤 빈 교실을 정리하고 있었습니다. 그때 교실 뒷문에서 어머님 한 분이 저를 조심스럽게 찾습니다.

　"별반 담임선생님이시지요?"

　"네, 아까 입학식 때 어머님을 잠깐 뵈었습니다."

　"입학식 날이지만 망설이다 왔어요. 미리 연락도 못 드리고…….
상담할 수 있을까요?"

　자녀가 입학하는 첫날부터 상담하러 오는 부모는 거의 없습니다. 어머니의 표정을 보니 지금 당장 꼭 해야 할 말이 있어 보입니다. 교실 안으로 모셔 이런저런 이야기를 나누었지요.

　'아이가 한글 공부나 숫자 공부를 어려워해 겨우 자기 이름만 쓴다, 아이가 정서적으로 안정되어 있지 않아서인지 잠시도 앉아 있지 못한다, 산만해서 제대로 학교생활을 할 수 있을지 걱정'이라며 눈물을 흘립니다. 학교 입학을 내년으로 미룰 생각으로 할아버지, 할머니부터 온 식구들이 모여 가족회의를 했는데, 미루지 않고 올해 입학했다고 하네요.

입학하는 날부터 자녀의 단점, 문제점을 조심조심 그러나 숨기지 않고 털어놓았습니다. 어머니의 표정과 말에서 진심과 절박함이 그대로 전해졌습니다.

"선생님, 입학식 첫날이지만 아이를 도와주셨으면 하는 마음으로 찾아왔습니다."

"아주 잘 오셨어요. 용기 내 주셔서 고맙습니다."

"다른 아이 부모들과 이야기해 보니 담임에게 아이의 단점을 미리 이야기해서 아이를 겪어 보지도 않고 문제 있는 아이로 낙인찍게 할까 봐 걱정하는 사람도 있지만 저는 그게 아니라고 생각했어요. 솔직하게 말씀드리고 도와 달라고 부탁드리는 게 옳다고 남편과 결정하고 이렇게 찾아왔습니다."

담임으로서 어떤 마음이 들었을까요? '아, 나를 믿고 신뢰하는구나' 하며 첫 만남에 내 안에 있던 경계심과 긴장된 마음이 눈 녹듯 사라졌습니다.

"이렇게 믿고 말씀해 주시니 고맙습니다. 한계가 많은 담임입니다. 하지만 부모님과 손잡고 해 보겠습니다."

그 뒤로 아이가 학교와 집에서 지내는 모습에 대해 직접 만나거나 통화로 이야기를 주고받으며 신뢰를 쌓았습니다.

부모가 예상한 대로 아이는 글을 읽고 쓰는 게 무척 느렸고 주변은 늘 시끄럽고 어수선했습니다. 하지만 수업 흐름에 어긋난 행동을 하다가도 담임이 눈길만 주면 얼른 자세를 가다듬고 해야 할 일에 집중하며 충동을 자제하려고 스스로 노력하는 게 보였지요. 한글 깨우치는 속도가 다른 아이들보다 너무 뒤처지는 것은 이런저런 방법을 써 보다가, 하루에 한 번 아이가 원하는 그림책을 소리 내 읽고 녹음해 담임에게 음성 메시지로 보내라고 했습니다.

이러한 노력은 1학년을 마치고도 한동안 이어졌습니다. 저는 그때마다 답장을 보내 아이가 지치지 않고 꾸준히 할 수 있도록 북돋워 주었습니다. 음성 편지 쓰기, 노래 부르기, 악기 연주, 식구들 밥상 차리기, 청소하기…… 아이는 스스로 노력하는 모습을 갖가지 방법으로 담임에게 보냈습니다. 억지로 하는 게 아니라 마치 놀 듯이 즐거운 마음으로요. 이런 노력으로 한글 읽고 쓰기는 느리지만 꾸준히 좋아졌습니다. 무엇보다 중요한 것은 아이가 즐거운 마음으로 꾸준히 노력하는 과정에서 공부하는 즐거움과 자존감을 키울 수 있게 한 점입니다.

아이를 중심에 놓고 실천 방법을 찾아 이런저런 노력을 하다 보니 담임과 부모 사이에는 믿음이 쌓였습니다. 믿음이 쌓이면 쌓일수록 아이를 바라보는 담임과 부모의 눈빛, 몸짓, 말이 달라집니다. 아이가 학교에 다녀온 뒤 어떤 이야기를 해도 부모는 불안하거나 흔들리지 않습니다. 엄마 아빠가 담임선생님을 신뢰하고 좋아하는 기운을 아이는 귀신같이 알아챕니다. 엄마 아빠, 할머니 할아버지가 담임을 좋아하고 믿는데 아이가 어떻게 담임을 좋아하지 않을 수 있을까요?

아이가 담임을 믿고 좋아하는 순간, 아이에게 학교는 즐겁고 행복한 곳이 됩니다. 친구들과 지내다 어려운 일이 생겨도, 공부가 어려워 쩔쩔매도, 선생님에게 꾸중들어도 학교 가는 게 행복합니다. 공부를 좀 못해도, 아이들 사이에 문제가 생겨도 자기만의 방법대로 당당하게 헤치고 풀어 가며 학교생활을 합니다. 아침이면 누가 깨우지 않아도 벌떡 일어납니다. 엄마 아빠가 믿고 내가 좋아하는 든든한 선생님이 있는데 뭐가 두렵겠어요. 아이는 학교에서 마음껏 자기 자신을 드러내며 하루하루를 보냅니다. 한글을 잘 못 읽어도, 과제 해결이 다른 아이들보다 늦어도 기죽지 않고 다시 열심히 노력합니다.

부모와 교사 사이의 믿음은
기적을 일으킨다

한 가지 더 이야기해 보겠습니다. 4학년 담임할 때였습니다. 보통 때에는 부드럽고 따뜻한 아이인데, 화가 나면 친구를 때리거나 물건을 집어 던집니다. 얼굴이든 어디든 가리지 않고 마구 때립니다. 담임이나 친구들이 말리면 입술이 하얗게 되고 손발을 부들부들 떨면서 화를 어쩌지 못하는 일이 되풀이되었습니다.

담임으로서 어떻게 해야 이 아이에게 힘을 주고 도와줄 수 있을까 궁리하며 책으로도 공부하고 전문가에게 자문을 구하기도 했습니다. 담임이 연락을 해도 부모가 상담을 꺼리며 피했습니다. 별수 없이 전화 통화만 몇 번 하고는 담임 나름대로 아이와 살아가다, 2학기 10월 어느 날 아이의 동생 담임과 상담하고 돌아가던 어머니를 우연히 만났습니다. 교실로 모시고 와 그동안 아이와 지내면서 겪은 이야기를 솔직하게 말했습니다.

"어머님, 전문가의 도움을 받으시면 좋겠습니다. 원인은 모르겠지만 아드님 가슴속에 큰 불덩어리가 있습니다. 돈을 아무리 많이 벌어 유산을 남겨 주어도, 아무리 좋은 지식을 쌓아도, 다 소용없습니다. 어디에서 생겼는지 모르겠지만 아드님 가슴속 저 불덩어리만 걷어 주면 아이에게 새로운 세상이 열릴 겁니다. 아니, 온 식구들에게 새로운 세상이 열릴지도 모릅니다."

한 해를 마무리하는 시기지만 이 말을 받아들일 만한 분이라는 확신이 들기에 좀 지나치다 싶을 만큼 강하게 말했습니다. 그날 밤 10시 넘어 어머니에게 문자가 왔습니다.

"선생님, 말씀대로 하겠습니다. 먼저 선생님을 뵙고 의논드리고 싶습니다. 언제 상담을 잡을까요?"

"미룰 게 뭐 있습니까? 당장 내일 아침 8시에 교실로 오세요. 제가 조금 일찍 출근하겠습니다."

학교에서 담임을 만난 뒤 남편 회사로 가서 저녁도 먹지 않고 담임에게 문자를 보낸 그 시간까지 아들 이야기를 나누었답니다. 어머니 얼굴이 하룻밤 사이에 핼쑥해지고 입술이 하얗게 타들어 간 게 보였습니다. 그래요. 담임이 부모 마음이 타들어 갈 말을 했지요. 그렇지만 다행히 부모는 그것을 받아들였습니다.

그 뒤로 어떻게 되었냐고요? 아들만이 아니라 부모와 온 식구가 전문가의 도움을 받았고 식구들 사이에 자리 잡고 있던 아이 마음을 아프게 하는 심리적 환경, 문화를 걷어 내려고 노력했습니다. 그리고 시간이 흘러 6학년이 되어 옆 반 학생과 교사로 만났습니다. 6학년 담임은 이 아이가 그렇게 화를 견디지 못하던 아이라는 걸 전혀 눈치채지 못했습니다. 또래 아이들을 따스하게 품고 받아 주는 넉넉한 가슴을 가진 아이가 되었거든요.

교육은 시간 흐름 속에서 아이에게 변화를 일으키는 일입니다. 부모와 교사가 손잡고 노력하며 보내는 시간과 서로를 믿지 못하고 머뭇거리며 보내는 시간에는 어떤 차이가 있을까요? 좀 부족하고 한계가 많은 부모와 교사라도 서로 손을 잡으면 그 어떤 어려운 일도 아이에게 보탬이 되는 기회로 바뀝니다. 부모와 교사가 손을 잡는 순간 아이 가슴에 변화가 일어나기 때문입니다. 담임에 겐 이것저것 시도해 볼 용기가 솟아나고 아이에겐 밝은 기운, 스스로를 가꾸어 가는 힘이 솟아납니다. 바로 이것이 기적입니다.

담임 상담이 필요한 까닭

담임을 할 때마다 모든 부모가 상담에 참여해 달라고 부탁드립니다. 사정이 있으면 전화 상담을 할 수도 있지만 얼굴을 마주 보며 이야기 나누는 대면 상담을 권합니다. 전화 상담을 하고 나면 대면 상담에 견주어 만족스럽지 않고 아쉬움이 많이 남습니다. 서로 생각과 느낌을 충분히 주고받지 못해 신뢰를 쌓기보다는 오해가 생기거나 마음이 불편해질 때가 있기 때문입니다.

쉽게 드러나지 않는
아이의 변화

상담에 오지 않는 부모들은 '상담한다고 달라지는 게 있나? 해마다 해 봐도 별 효과 없다'는 생각을 많이 합니다. 맞습니다. 그런데 교육은 공장이나 정비소에서 하는 일과 다릅니다. 생산 라인에 문제가 있으면 부품을 교체하고 구조를 바꾸면 곧바로 변화가 일어납니다. 자동차에 소리가 나면 그 또한 부품을 교체하거나 회로를 손보면 됩니다. 들어갈 때와 나올 때 변화가 또렷합니다.

방울토마토 이야기를 해 보겠습니다. 모종을 사다 심었습니다. 열매를 얻으려면 얼마나 기다려야 할까요? 또 시간만 가면 열매를 얻을 수 있나요? 아닙니다. 거름을 주고 병충해가 생기지 않는지 자주 살펴야 합니다. 비가 많이 오면 많이 와서 걱정, 적게 오면 적어서 걱정, 바람이 많이 불면 쓰러질까 봐 꽃과 열매가 떨어질까 봐 조마조마합니다. 모종을 심은 땅이 토마토와 맞지 않으면, 거름을 잘못 주면, 열매를 얻지 못하거나 얻어도 양이 적거나 맛이 없습니다.

무엇보다 중요한 것은 반드시 일정한 시간이 지나야만 열매를 얻을 수 있다는 사실입니다. 눈에 보이는 토마토 열매를 얻는데도 이렇게 많은 손길과 마음, 시간이 필요합니다. 토마토가 건강하게 자랄 거라 믿고 사람이 할 수 있는 온갖 정성을 다 들이면, 이제는 하늘이 알맞은 날씨와 환경을 만들어 주길 기다리며 기도해야 합니다. 토마토가 이런데 사람이야 말해 무엇하겠습니까?

교육은 물질을 다루는 게 아니라 사람 마음을 다룹니다. 더구나 아이의 성장과 발달은 눈에 쉽게 드러나지도 않습니다. 전문가가 관심 갖고 꾸준히 관찰하고 살피지 않으면 아이의 변화를 읽어 내는 게 쉽지 않습니다. 변화를 읽어 내지 못하면 아이를 격려하고 북돋워 주기에 알맞은 때를 놓칩니다. 손잡아 주고 어깨를 감싸 주어야 할 때를 놓칩니다. 교사는 교육 전문가입니다. 수많은 아이들과 지지고 볶으며 살아가는 과정에서 아이들의 마음과 변화를 읽어 내는 것을 공부하고 연구하며 살아가는 걸 직업으로 하는 사람입니다.

상담은 아이를 믿고 기다릴 힘을 모으는 것

상담은 화끈한 변화를 불러일으키거나 어려움을 한 방에 해결하는 일이 아닙니다. 이런 기대를 갖고 상담을 한다면 시작부터가 잘못된 것입니다. 교사가 하는 일은 '눈에 확 띄는 변화'와 거리가 멉니다. 교사는 눈에 안 보이는, 웬만해서는 읽어 내기 힘든 변화를 일으키기 위해 하루하루 아이들과 살아가는 사람입니다.

앞에서 보았듯 토마토도 날마다 지켜보면 변화를 읽어 내는 게 쉽지 않은데 사람이야 말해 무엇하겠어요. 게다가 토마토는 몇 달이면 꽃피고 열매를 맺지만, 교사가 하는 일 대부분은 씨앗을 뿌리는 데서 멈춥니다. 그 싹은 시간이 더 많이 흐른 뒤 올라오고 잎과 줄기는 이보다 더 많은 시간을 필요로 합니다. 다만 곁에 머물며 응원하고 격려하고, 힘들 때 막힌 곳을 뚫어 주는 역할을 할 뿐입니다.

아이가 무언가 하겠다는 의욕이 줄어들고 사그라들 때 부모와 교사가 손을 잡는 것, 그것이 바로 상담입니다. 손을 잡을 때 변화가 일어나고 그 변화는 아이의 눈빛에서 먼저 시작됩니다. 하지만 부모가 기대하는 것보다 그 변화는 너무 작고 희미해서 눈에 잘 띄지 않아요. 또렷한 결과가 보이지 않을 때 부모는 지칩니다. 어두운 기운, 절망감이 들기 시작하면서 무리한 방법으로 아이를 몰아붙일 수도 있습니다.

상담의 중요한 역할 가운데 하나는 아이의 작은 변화를 읽어 내고 그 변화가 지닌 의미를 교사와 부모가 나누는 것입니다. 그러다 보면 부모는 불안감을 덜어 내고 든든한 모습으로 아이 곁에 머물 수 있습니다. 지치지 않고 아이를 믿고 기다릴 수 있는 힘을 모으는 것이 바로 상담입니다.

부모와 교사가 손을 맞잡고 마음을 맞춰 가며 아이 곁에서 응원하고 여러 가지 교육적인 자극을 줄 때 아이 가슴에서는 자기다움을 내뿜으며 살아가려는 강한 힘, 삶의 욕구, 동기가 솟아납니다. 아이가 온갖 어려움과 고난을 피하지 않고 기꺼이 맞부딪치며 자기 길을 갈 수 있도록 돕기 위해 상담을 합니다. 상담은 아이를 믿고 기다릴 힘을 부모와 교사에게 주는 것이 목적입니다. 흔들리다가 정신 차리고 아이 곁에 머물 때, 아이들은 마음껏 자기를 성장시키는 데 온 힘을 쏟을 수 있습니다.

담임과 상담할 때 꿀팁

　교사로서 부모와 상담하며 들었던 생각과 아이 둘을 둔 아빠로서 겪은 경험까지 보태 이야기해 보겠습니다. 부모로서 아이들 담임을 만나 상담할 때는 무척 긴장됩니다. '가서 무슨 이야기를 하지?' 싶다가 시간이 흐를수록 담임에게 할 말이 너무 많아서 '무얼 먼저 말해야 할까?' 하는 생각이 듭니다. 상담이 끝나고 돌아서면 공연히 쓸데없는 말을 했다는 생각과 중요한 걸 빠뜨렸다는 생각이 들어 무척 아쉽고 속이 쓰리기도 합니다.

　상담은 한 시간을 넘어가면 서로 지칩니다. 삼십 분 정도 알차게 하려는 노력이 필요합니다. 한 학급마다 아이들이 몇 명이냐에 따라 조절이 가능하지만 수다 떠는 것과는 달라서, 지치면 생각이 부드럽게 풀리지 않습니다. 피곤한 상태에서 억지로 상담을 이어 가기보다는 따로 날을 잡는 것이 좋습니다. 자칫 어두운 방향으로 이야기가 흘러갈 수 있기 때문입니다.

상담 준비
변화의 시작

짧은 시간에 아이와 관련된 이야기를 효과적으로 나누는 방법은 상담할 이야깃거리를 미리 적어 보는 것입니다. 준비 기간이 길수록 좋습니다. 식구들끼리 진지하게 생각을 나누며 상담할 내용을 쓸 수도 있고, 하루하루 지내다가 떠오르는 생각을 틈틈이 적어 놓을 수도 있어요. 중요한 것만 적으려고 하면 생각이 막힙니다. 중요하다, 아니다, 상담할 값어치가 있다, 없다는 미리 판단하지 말고 무조건 떠오르는 대로 적어 두어야 합니다. 별거 아닌 것이 사실은 아이를 이해하는 중요한 알맹이인 경우가 많기 때문입니다.

이렇게 적은 내용을 가장 중요한 것부터 순서대로 놓아 봅니다. 많은 것 가운데 무엇을 앞에 놓고 무엇을 뒤에 놓을지 고민이 될 것입니다. 바로 이 과정, 그러니까 상담할 내용을 목록으로 만드는 과정이 상담 그 자체보다 더 중요합니다. 우리 아이에 대해 막연하게 걱정하던 것, 무언가 가슴을 답답하게 하던 것, 뿌옇게 안개 속에 서 있는 것 같은데 손에 잡힐 듯 말 듯하던 것이 한 걸음 더 다가오고 또렷하게 그 모습을 드러냅니다. 어쩌면 그동안에는 생각하지 못하던 것이 수면 위로 떠오르는 계기가 될 수도 있어요. 식구들끼리 이야기 나누며 목록을 만드는 과정이 상담보다 더 중요한 까닭입니다.

"이렇게 해 볼까, 아니면 저렇게 해 볼까?"

"아이에게 맡겨야 할까? 선생님과 의논해야 할까?"

"시간이 가면 저절로 풀어질까? 아니면 적극 개입해야 할까?"

"선생님이나 전문가의 도움을 받아야 할까?"

"시간을 다투는 일일까? 아니면 느긋해도 되는 일일까?"

목록을 만들다 보면 이런 생각이 드는데, 이것은 벌써 문제를 해결하려고 대책을 세우기 시작했다는 걸 뜻합니다. 놓치고 살았던 것 가운데 몇 가지가 수면 위로 올라오는 중입니다.

사실 학부모 상담을 '걱정거리가 있을 때 속 시원한 해결책을 던져 주는 것'이라고 여기는 부모가 의외로 많습니다. 물론 간단한 것은 그렇게 할 수 있습니다. 하지만 아이 교육과 관련된 일은 대부분 오랜 시간 묵묵히 참고 견디며 노력해도 눈에 띄는 변화를 이끌어 내기 어려워요. 그나마 가장 쉽게 달라지는 것이 학습이라고 봅니다. 친구 관계나 정서적으로 겪는 어려움은 어느 한 사람이 노력한다고 해결되는 문제가 아닙니다. 여러 사람이 함께 노력하지 않으면 근본적인 해결이 어렵습니다.

상담은 아이가 겪는 어려움과 그에 따라 필요한 도움이 무엇인지를 또렷하게 해, 부모와 담임, 더 나아가 아이 스스로 문제를 풀어 갈 수 있도록 힘을 모으는 중요한 전환점이 되어 줍니다. 1차로 상담을 준비하며 이야깃거리를 목록으로 만드는 과정에서 마음 써야 할 것을 떠올리고, 2차로 담임과 상담하면서 북돋워 줘야 할 것과 아이가 겪는 어려움을 파악합니다. 그 가운데 시간이 급한

것은 담임과 의논해 당장 손을 쓰고, 전문가의 도움이 필요하다고
판단하면 전문가와 상담을 합니다.

서로 믿음을 쌓는 것이
상담의 목적

부모와 교사가 마주하고 이야기를 나누다 보면 표정과 몸짓에
서 어느 정도 느낌이 옵니다. 말이 아닌 비언어적 표현에서 오는
그 느낌이 말보다 훨씬 힘이 셉니다. 교사들은 아이 이야기는 꺼
내지도 않고 가벼운 이야기 몇 마디 나누었을 뿐인데도 편안해지
면서 말문이 트이는 경험을 자주 합니다. 부모가 학교에 와서 담
임 얼굴 보는 것만으로도 힘이 나고 마음이 놓인다는 말도 이와
같은 뜻입니다.

대부분 상담을 마무리하면 힘이 솟아나는데, 어떤 상담이 그럴
까요? 만나자마자 서로를 격려하는 상담이 그렇습니다. 부모가 자
식 키우느라 겪는 온갖 어려움과 기쁨에 공감하는 교사, 그리고
교사가 아이들을 위해 노력하는 마음을 이해하고 응원하는 부모
가 만날 때입니다. 서로에 대한 믿음과 격려하는 마음은 눈빛과
표정에서 묻어납니다.

서로 아끼고 존중하는 담임과 학부모가 있는 교실에는 좋은 기
운이 돕니다. 서로 공감하고 믿는 따스한 기운이 넘치는 교실이

됩니다. 아이들 얼굴은 더욱 밝아지고 입에서는 서로를 격려하고 북돋워 주며 품어 주는 말이 나옵니다. 그런 아이들이 많은 교실에서는 긍정적이고 힘찬 기운이 돌 수밖에 없고 생각은 자유롭게 움직이며 교사는 마음껏 교육활동을 펼칠 수 있습니다.

상담 뒷마무리,
아이의 좋은 점을 눈덩이 굴리듯 키우기

상담을 다녀온 뒤 마무리도 매우 중요합니다. 상담에서 담임이 한 말 가운데 우리 아이에게 전해 줄 말을 골라야 합니다. 한두 가지 정도 아이의 밝은 점, 좋은 점, 오래오래 마음과 몸에 간직하고 키워 가면 좋을 것을 정합니다. 이때 부모가 바라는 대로 아이를 키우기 위한 말을 의도적으로 고른다면, 아이가 자기답게 살아가지 못하게 하는 일이 된다는 것을 잊지 말아야 합니다.

교사에게서 나온 이야기 가운데 아이에게 맞는 것, 가장 적절한 내용을 고릅니다. 그냥 이야기하기보다는 맛있는 음식을 먹으며 이야기 나누는 걸 추천합니다. 자식 좋으라고 하는 말이지만 길게 오래 하면 부모 말이 잔소리로 들릴 수 있어요. 대신 한 번으로 끝내지 말고 가슴에 꼭 담아 두었다가 서로 기분이 좋을 때 가볍게 이야기합니다.

예를 들면, 아이가 바라고 바라던 캠핑을 가는 길에 말을 꺼냄니다.

"5학년 때 담임선생님 기억나? 상담 갔을 때 이런 말씀을 하셨어. 분수의 통분을 공부할 때라고 하던데, 너가 이해가 안 돼서 고생하더라는 거야. 그런데 선생님이 가르쳐 주려고 하니까 혼자 해 보겠다고 하더래. 그러더니 이틀 뒤 아침에 학교에 오자마자 선생님한테 와서 완전히 이해했다고 자랑하는 걸 보고 그때 너한테 반하셨대. 나중에 통지표에도 써 주셨잖아."

그리고 몇 달 뒤에 맛있는 걸 먹으면서 한마디 더 합니다.

"너 5학년 때 선생님 잘 지내시나 모르겠네."

설령 상담에서 아이에게 모자라거나 부족한 점을 이야기 나누었다 하더라도 밝은 얼굴로 아이를 만나야 합니다. 상담을 다녀와서 기분이 좋지 않으면 아이는 학교생활 가운데 어두웠던 경험을 떠올리고 자꾸 거기에 마음 쓰게 됩니다. 반면 밝은 얼굴로 이야기를 나누면 아이는 스스로 어떤 좋은 이야기가 오고 갔을지 떠올려요. 문제점이나 다듬을 점, 어두운 점은 아이에게 말하기보다 순서를 잡아 대책을 세우고 실천하는 것이 훨씬 중요합니다. 한두 번 잔소리한다고 그 문제가 해결될 리가 없기 때문입니다.

담임이 심리 전문가의
도움이 필요하다고 할 때

1학년 담임할 때였습니다. 입학하고 열흘쯤 지나 재현이 부모와 상담을 하게 되었습니다. 부모가 함께 왔습니다. 아버지가 먼저 이야기를 시작했습니다.

"선생님, 고생이 많으시지요? 유치원 때부터 재현이 반 학부모들한테 항의를 많이 받았어요. 유치원에도 여러 번 불려 갔습니다. 아이들을 괴롭히고 잠시도 가만히 있지 않는다고요."

"어떻게 힘들게 하는지 말씀해 주시겠어요?"

"때리기도 하고 욕을 많이 한답니다. 아이들 물건을 뺏어서 던지거나 망가뜨리기도 하고요. 선생님께 대들고 심지어 때리기까지 한다고 들었습니다."

어머니가 이어 갔습니다.

"창피해서 죄송하다는 말만 했어요. 다른 부모들은 서로 모여서 차도 마시고 저녁에는 맥주도 한잔하면서 아이들 키우는 데 도움되는 이야기를 주고받는데 저희는 그러지 못했습니다. 초등학교에서도 부모들이 뭐라고 할까 봐 두려워요. 재현이와 아이들이 같이 안 놀 것 같아 그것도 걱정이고. 그럴수록 재현이도 아이들을 때리고 괴롭힐 텐데……."

어머니 눈에 눈물이 그렁그렁합니다. 유치원에 보내면서 겪은 어려움을 한참 들었습니다. 부모 말을 들어 보니 재현이가 초등학교에 입학하고 나서 교실에서 하는 행동과 별로 다르지 않았습니다. 교실에서 일어나는 일을 또다시 이야기하는 것은 부모에게 고통이겠다 싶어 공감하고 위로하는 말을 먼저 한 뒤 속에 이야기를 꺼냈습니다.

"재현이 아버지, 어머니. 제가 재현이에게 마음을 많이 쓰겠습니다. 다른 부모님들에게 담임으로서 도와 달라고 말씀드리고 협조를 이끌어 내겠습니다. 대신 아버지, 어머니도 다른 학부모들을 피하지 말고 당당하게 만나고 차도 한잔하고 맥주도 나누고 하세요. 그러면서 도와 달라고 하세요."

부모 얼굴이 환해졌습니다.

"듣기에 따라 불편할 수도 있는 말씀을 드리려고 합니다. 이런 말씀을 드리기까지 저도 여러 날 고민하고 여기저기 전문가에게 자문도 구했습니다."

한참 동안 아무 말도 하지 않다가 다시 말을 이었습니다.

"이 말을 듣고 나면 여러 날 못 주무실 겁니다. 제가 미워질 수도 있지만 각오하고 말씀드리겠습니다. 전문가의 도움을 받으세요. 심리 전문가의 도움이 필요합니다."

잠깐 멈추었다가 이야기를 다시 시작했습니다.

"재현이가 이런저런 행동으로 주변 사람을 힘들게 하는 건 아이가 일부러 그러는 게 아닙니다. 그럴 수밖에 없도록 하는 그 무엇이 아이 안에 있어요. 혹시 전문가를 찾아가 본 적이 있나요?"

부모 얼굴이 심각해지고 굳어졌습니다. 어머니와 아버지가 한마디씩 했습니다.

"전문가의 도움을 받아 보란 말을 듣기는 했지만 아직 그러지는 않았습니다. 병원에 가 봐야 할까요? 조심스러워서……."

"아직은 어려서 그럴 거란 생각이 들어요. 그리고 집에서는 정말 잘 하거든요. 밥도 잘 먹고 자기 물건 정리도 잘 해요. 그런데 이상하게 유치원이나 학교만 가면 그러네요."

비슷한 이야기가 되풀이되었습니다. 흐름을 끊었습니다.

"부모님께서 병원이 부담스럽다면 심리 상담소를 찾아가세요. 심리검사를 받은 다음 그에 따라 도움을 주셔야 합니다. 어릴수록 큰 도움이 됩니다. 시기를 놓치면 너무 아깝습니다. 제가 이 말씀을 드리기까지 여러 가지를 검토하고 심사숙고했습니다."

어머니가 말했습니다.

"네, 상담받겠습니다. 선생님, 도와주세요."

"어렵게 말씀드린 걸 받아 주셔서 고맙습니다. 그렇다면 저는 우리 반 부모들에게 재현이를 이해하고 도와 달라고 부탁드리겠습니다. 재현이 부모님이 여러 가지로 노력하고 있다, 그러니

도와 달라고요. 다들 자식 키우는 처지에서 공감하고 기다려 주실 겁니다."

재현이 부모를 위로하면서도 전문가의 도움을 꼭 받으라고 다짐을 하며 그날 상담을 마무리했습니다.

그 뒤로도 반 학부모들에게 숱하게 많은 항의를 받았습니다.

"선생님, 재현이가 생전 들어 보지도 못한 욕을 해서 아이들 사이에 퍼지고 있어요."

"아이 얼굴에 상처를 냈어요. 너무 속상합니다."

"아이 가방에 유성 매직으로 마구 낙서를 해 놓았어요."

"점심시간에 재현이 옆에 앉았는데 우리 애를 괴롭혀서 밥을 못 먹고 그냥 왔어요."

그럴 때마다 학부모들에게 재현이 부모와 자주 소통하면서 여러 가지 시도를 하고 있으니 기다려 달라고 했습니다. 학급 설명회 때는 학부모들이 모두 모인 자리에서 회의 안건으로 올려 꽤 길게 이야기를 주고받았습니다.

다른 부모들을 설득할 수 있었던 까닭은 담임이 재현이 부모와 꾸준히 상담하고 있고 재현이 부모도 온갖 방법을 동원하면서 노력하고 있었기 때문입니다. 우리 반 부모들의 불안감은 어느 정도 가라앉았습니다.

그러나 재현이의 눈빛이나 행동에서 전문가의 도움을 받는다는 느낌이 들지 않았습니다. 재현이 부모에게 상담이 어떻게 진행되고 있는지 물어봤지만 그때마다 상담을 하고 있다는 이야기만 들었습니다. 여름방학이 지나갔고 10월 초에 아무래도 의심이 들어 재현이 어머니에게 전화를 걸었습니다. 평소와 다르게 굳은 느낌이 묻어나는 투로 말했습니다.

"어머니, 상담소에서 분명히 담임에게 협조 요청을 했을 텐데 그 내용을 말씀해 주시지요."

잠시 침묵이 흘렀습니다. 느낌이 왔습니다.

"어머니! 그동안 상담 진행하지 않으셨지요?"

"네. 사실은 시댁 어른들이 지금은 어려서 그런 거니 일 키우지 말라고 해서……."

설마 상담을 안 받는 건 아닐까 했는데 사실로 확인되는 순간 허탈했습니다. 재현이 부모와 그동안 주고받은 전화와 직접 만나 나눈 상담 시간은 다른 부모들보다 열 배도 더 넘었습니다. 그런데도 눈치를 채지 못한 저 자신에게 화가 났습니다. 무엇보다 같이 자식 키우는 처지에서 재현이 부모의 마음을 공감하며 기다려 주는 우리 반 부모들 얼굴이 떠올랐습니다.

더 이야기를 해 본들 재현이 부모의 협조를 이끌어 내는 건 무리라고 판단했습니다. 주고받는 이야기 속에서 어머니의 벽이 크게 느껴졌기 때문입니다. 견고한 벽이 있다는 걸 그제서야 깨닫다니, 무거운 마음으로 전화를 끊었습니다.

그 뒤로 더 이상은 재현이 부모와 상담을 하지 않았습니다. 부모의 협조를 기대하지 않고 담임 혼자 할 수 있는 방법을 동원해 한 해를 마무리했습니다.

교사의 조언
아이를 새롭게 보는 출발점으로 삼아야

지금도 안타까운 마음이 드는 또 다른 아이가 있습니다. 1학년 입학식 날 눈에 띄는 아이가 있었습니다. 입학식 내내 앞을 보지 않고 엄마에게만 눈길을 줬습니다. 옆에 있는 친구와 담임에게는 관심도 없습니다. 아이의 마음은 오직 엄마에게만 가 있었습니다. 첫날이라 긴장을 많이 해서 그런가 보다 했지만, 그 뒤로 등교하는 걸 힘들어하고 친구들과 장난치고 어울리는 모습도 보기 어려웠습니다. 하지만 학습 능력만은 다른 아이들보다 앞섰습니다.

입학하고 나서 학부모 상담 때 아이가 학교에서 겪는 어려움을 전하고 전문가의 도움을 받도록 조심스럽게 이야기했습니다. 선행학습을 하면서 여러 가지 사교육을 시키는 것도 다시 생각해 보자고 말했습니다. 전문가의 도움을 받을 수 있게 몇 번 강하게 이야기했지만 그때마다 이런 대답만 되풀이해 돌아왔습니다.

"주변에서 지금은 어려서 그런 거라고들 해요. 3학년 되면 좋아질 거라고 믿어요."

하지만 시간이 흘러 고학년이 된 지금 등교하지 않는 날은 더욱 많아졌고 얼굴은 우울하며 건강도 눈에 띄게 많이 나빠졌습니다. 그 아이를 볼 때마다 마음이 아프고 안타깝습니다.

아이가 심리적으로 어려움을 겪는다는 담임의 조언을 듣는다면 부모는 우선 심리 전문가의 도움을 받아야 합니다. 집에서는 보이지 않는 특성이 학교 안에서 보이는 사례는 얼마든지 있기 때문입니다. 과거와 달리 요즘은 심리 상담을 받는 걸 심각하게 여기지 않지만, 여전히 망설이고 피하는 분들이 많습니다. 전문가에게 심리 검사를 받아 보면 치료를 해야 하는지, 상담만 진행해도 되는지, 아니면 가볍게 지나가도 되는지 어느 정도 알 수 있습니다. 검사 결과로 판단하는 것이 현명하지, 부모가 지레짐작하고 과거에 해 오던 대로 아이와 지낸다면 그 아까운 시간을 놓치는 일이 벌어집니다.

더구나 요즘은 과거와 달리 쉽게 상담 전문가를 만날 수 있습니다. 담임을 통하면 학교 안 심리 상담 교사의 도움을 받을 수 있습니다. 또 각 지역 교육청에서도 경제적으로 어렵거나 여러 사정으로 힘들 때 지원해 주는 제도를 갖추고 있습니다. 심지어 교사들의 심리 상담도 지원하고 있습니다. 소화가 안 될 때 소화제를 먹는 것처럼 전문가에게 적극 손을 내밀어야 합니다.

심리 전문가의 도움은
아이가 어릴수록 효과가 빠르다

저학년일 때 아이가 겪는 심리적 어려움을 서둘러 파악하고 도움을 주면 아이가 자라는 데 큰 도움이 됩니다. 하지만 안타깝게도 저학년일수록 부모들은 담임의 조언을 받아들이지 않습니다.

아직은 아이가 부모의 말을 거스르거나 반항을 심하게 하지 않기 때문입니다. 밖에서 심각한 사고를 치지도 않지요. 방문을 쾅 닫고 혼자만의 세계로 빠져들지도 않습니다. 부모가 시키면 시키는 대로 고분고분하게 따릅니다. 눈에 넣어도 아프지 않을 재롱이 부모 눈을 가려 아이가 겪는 어려움을 심각하게 받아들이지 못하게 해 도와줄 기회를 놓치고 맙니다.

저학년일 때 전문가의 도움을 받는다면 사춘기가 오기 전에 아이에게 마음의 힘을 키워 줄 수 있습니다. 심리적으로 겪는 어려움은 잠재되어 있다가 아이가 사춘기가 되면 크게 휘몰아칩니다. 아이의 삶은 말할 것도 없고 집안을 들었다 놨다 하는 사례가 많습니다. 이때는 부모들이 생각보다 쉽게 전문가에게 손을 내밉니다. 물론 이때라도 도움을 받는다면 다행입니다만 어리면 어릴수록 아이의 성장과 발달에 큰 도움이 된다는 점을 잊지 않으면 좋겠습니다.

더욱 중요한 것은 전문가의 도움이 필요한데도 그냥 시간을 흘려보내면 그동안 주변 사람들로부터 부정적 자극과 기운을 끊임없이 받는다는 사실입니다. 사람들이 아이에게 보내는 반응은 거울에 비친 내 모습을 되풀이해 바라보는 것과 같아서 아이의 자아 형성에 매우 큰 영향을 줍니다. 앞에서 예로 든 재현이는 전문가의 도움을 받지 않아도 자라면서 거친 행동이 사그라듭니다. 하지만 빠르게 성장하며 많은 걸 흡수하는 그 귀한 어린 시절 내내 주위 사람들로부터 '거친 애야' '욕쟁이야' 가까이하면 힘든 일이 생

겨' 같은 눈초리를 받으며 지냅니다. 부정적인 눈빛을 받으며 시간
을 보낸다는 건 아이 가슴에 어두운 기운을 깊고 두텁게 자리잡게
한다는 걸 뜻합니다.

3장

학교와
손발 맞추기

입학,
아이 홀로 떠나는 여행

익숙한 곳, 가 본 경험이 있는 곳, 자주 들르는 곳에 갈 때는 가슴이 두근거리거나 두려움이 생기지 않습니다. 하지만 한 번도 가보지 않은 곳에 갈 때는 다릅니다. 두려움과 기대로 이것저것 알아보며 밤잠을 설치거나, 때로는 '가지 말까?' 하는 마음마저 듭니다. 하물며 어린 자식이 부모 없이 홀로 그 여행길을 나서야 한다면 어떨까요?

초등학교 입학은 아이 홀로 떠나는 여행입니다. 부모는 따라나설 수 없는 여행입니다. 아이를 물가에 내놓은 것처럼 마음 쓰이고 걱정되고 불안합니다. 마음 같아서는 부모가 앞장서고 싶지만 결코 같이 갈 수 없습니다. 지금 부모 손을 놓고 나서는 이 길은 아이의 삶입니다. 누가 대신 걸어간다면 그건 아이의 길이 아니라 대신하는 사람의 길이기 때문입니다. 아이 대신 밥을 먹어 주거나 아파 주거나 친구를 사귀어 줄 수 없으며 대신 공부해 줄 수 없는

고독한 여행입니다. 이 여행은 피한다고 피할 수 없고 늦춘다고
해서 늦출 수 없습니다. 인간 삶의 본질이고 운명입니다.

아이 삶은
아이 것!

4학년 담임할 때입니다. 부모 상담 시간에 맞추어 교실로 어머
니가 찾아왔습니다. 차를 한잔 앞에 놓고 막 이야기를 시작하려는
데 어머니가 교실 앞 천장을 바라보며 이런 말을 합니다.

"아휴, 답답해. 교실에 시시티브이(CCTV) 달면 안 될까요?"

"네? 아니, 왜요?"

"우리 아들을 보면 가슴이 터져요. 도대체 학교에서 어떻게 지
내길래 하는 게 그렇게 답답하고 느려 터졌는지. 학교에서는 오
죽할까 싶어요."

아이가 학교생활하며 보이는 몇 가지 걱정스런 모습이 어디서
시작되었는지 그제야 이해가 갑니다. 어머니가 걱정하는 아들은
건강하고 학습 능력도 좋은데, 얼굴에는 늘 우울한 기운이 가득하
고 자기 생각을 내세우거나 말하는 걸 보기 어렵습니다. 또 피구
나 발야구를 할 때 자기에게 온 공을 들고 안절부절못하며 끝내
다른 아이에게 넘겨주거나 던질 때를 놓쳐 아이들의 원망을 듣습
니다. 더욱 걱정스러운 건 생동감과 살아 꿈틀거리는 기운, 뭔가

하고 싶은 의욕과 호기심이 보이지 않는다는 점입니다.

그 까닭이야 한두 가지가 아니겠지만, 가장 큰 것은 아이가 자라나는 과정에서 부모가 아이를 믿고 아이 스스로 혼자 해낼 때까지 기다리지 않았던 것입니다. 일이 있을 때마다 잔소리하거나 누군가가 끼어들어 대신해 주었습니다. 그러고는 부모가 보기에 아이가 배워야 한다고 믿는 과제나 해야 할 일을 일방적으로 정하고, 날마다 일정을 빡빡하게 세운 다음 하루하루 바쁘게 입시생처럼 살아가도록 했던 것입니다.

입학, 사람을 만나

사람과 어울리는 여행

초등학교 입학한 뒤 만나는 것 가운데 가장 중요한 것을 꼽으라면 첫 번째는 바로 사람입니다.

"옆집 사는 애와 같은 반이 됐네!"

"유치원 때 친했던 준이랑 같은 반이야."

"유치원 때 자주 싸웠던 한결이가 우리 반이네. 어떻게 하지?"

아이가 입학하면, 더구나 첫아이일 때는 더욱더 온 신경이 곤두섭니다. 기대와 설렘과 걱정이 뒤섞여 잠이 잘 안 온다는 부모들이 많습니다. 그러다 2월이면 초등학교 입학이 실감나는 일이 생깁니다. 반이 결정되지요. 반이 정해졌다는 건 1학년을 함께 보낼 친구들과 운명적인 만남이 이루어졌다는 걸 뜻합니다. 곧 3월 2일 입학식 때는 담임선생님도 만나게 됩니다.

입학은 식구들을 넘어 더 많은 사람을 만나는 일입니다. 어린이집이나 유치원보다 훨씬 많은 친구를 만나고, 유치원 선생님과는 다른 느낌을 주는 선생님, 그것도 1학년부터 6학년까지 여섯 학년이나 되는 수많은 선생님을 만납니다. 반 친구들과 만나고, 다른 반 아이들도 만납니다. 같은 학년만이 아니라 다섯 살이나 차이 나는 선배들과 한 울타리에서 지냅니다.

부모나 아이들은 왠지 껄끄럽고 불편한 아이와는 같은 반이 되지 않기를 바랍니다. 마음 맞는 아이들만 만나며 살고 싶다고 생각하지요. 하지만 사람 사는 세상에서는 결코 이루어질 수 없는 불가능한 바람입니다. 오히려 그런 환경을 만들어 주려고 마음 쓰는 것은 아이에게 해로운 일입니다. 사람이 살아가면서 하는 공부 가운데 가장 어려운 공부는 '사람과 어울려 사는 공부'이기 때문입니다. 아이가 다른 사람과 어울려 사는 공부는 부모가 대신해 줄 수도 없고, 어디서 따로 배울 수도 없습니다. 1학년, 6학년, 중학교, 고등학교…… 이렇게 성장과정과 나이에 따라 사람을 만나고 어울리면서 몸과 마음으로 깨달아야 하는 공부입니다.

우리 아이가 껄끄러운 친구와 한 교실에서 만났다면 어려움을 겪겠지만 그 과정에서 아이가 스스로 성장해 나갈 기회를 맞은 것입니다. 부모가 나서서 아이가 불편해하는 친구를 피하게 한다면 사람과 어울려 살아가는 지혜를 배울 기회를 빼앗는 것과 같습니다. 파도와 풍랑을 만나지 않으면서 넓은 바다를 누비며 살기를 바라는 것처럼 앞뒤가 안 맞는 모습입니다. 파도가 없는 바다는 바다가 아니지요. 접시 물이거나 인큐베이터입니다. 삶이라는 바다는 파도가 일 수밖에 없고, 파도를 피하는 요령을 배울 게 아니라 파도 타는 힘을 기르는 것이 더 소중합니다.

우리 아이가 평탄한 길만 걷는다면, 그 아이는 조그만 언덕만 나와도 되돌아서거나 멈춰 섭니다. 초등학교는 아이가 사람들과 만나 함께 어울릴 수 있는 마음의 힘을 키우는 곳입니다. 친한 아이도 어느 순간 불편한 사이가 되고, 불편한 사이가 다시 좋아하는 사이가 되는 경험을 수도 없이 하며 살아갑니다. 초등학교 때 이 경험을 충분히 겪지 않으면 만남과 헤어짐이 내 뜻대로만 되지 않는 인생길을 걸어갈 때 많은 어려움을 겪게 됩니다.

배움과 깨달음의 기쁨이
가득한 여행

아이들은 학교에 오면 가슴이 두근두근합니다. 궁금한 게 아주 많기 때문입니다. 마치 풀과 나무가 물과 영양분을 빨아들이듯이 우리 아이들은 환경이 조성되고 적정 난이도의 과제만 주어진다면 마음이 끌리는 것을 마음껏 빨아들일 것입니다. 하지만 막상 학교생활과 학습과정에서 주어지는 과제를 해결할 때 아이들은 무척 어려워합니다. 때로는 "나 안 해! 하기 싫다고" 하면서 화를 내거나 울면서 포기하는 모습을 보여 부모 속을 태웁니다.

여행다운 여행은 언덕과 산과 좁은 길 그리고 비바람과 눈보라와 거친 파도를 만나는 여행입니다. 밋밋한 길만 이어진다면 지루하고 답답하고 또 옆에 있는 사람과 손잡을 일도 많지 않습니다. 사람과 어울려 사는 공부가 어렵듯 뭔가 새로운 걸 깨닫는 공부 또한 쉽지만은 않습니다.

학교에서 배우는 모든 것을 완벽하게 다 소화할 수 없고 또 그럴 필요도 없습니다. 사람마다 갖고 태어난 기질, 성향, 능력, 성장 과정이 모두 다르기 때문입니다. 아이가 완벽하게 잘 해낼 거라고 기대한다면, 첫 단추부터 잘못 끼우고 시작하는 것입니다. 중요한 것은 어려운 과제가 주어졌을 때 할 수 있는 만큼 정성껏 해 보도록 곁에서 도와주고 힘을 북돋워 주는 것입니다. 완벽하게 이해하는 것과 정성껏 해 보는 것에는 차이가 있습니다. 가장 피해야 할 말은 "될 때까지 한다, 안 되면 되게 한다"입니다.

학교 교육과정에는 분야별로 배울 것이 가득합니다. 문자로 된 배움만이 아니라 그림, 조각, 공간처럼 눈으로 보는 것, 귀로 듣는 것, 피부로 느끼고 받아들이는 것, 온몸을 움직여 깨닫는 것…… 헤아릴 수 없이 많습니다. 모든 것을 다 잘해야 할까요? 아이마다 더 편하고 즐겁게 받아들이는 분야가 있고, 왠지 모르게 불편해하고 힘든 분야가 있습니다. 초등학교 교육과정의 핵심 목표는 가능한 골고루, 할 수 있는 만큼 정성껏 경험하게 하는 것입니다.

아이가 준비된 상태, 갖고 있는 능력과 정서적 특징을 살펴 아이에게 맞는 수준의 도달 목표를 정해야 합니다. 그 도달 목표가 부모나 교사가 바라고 꿈꾸는 수준이라면 그것은 아이를 괴롭게 만드는 일이 될 수 있습니다. 어른이 바라는 목표가 아니라 아이의 상태에 맞는 목표라야 합니다. 도달 목표를 그렇게 잡을 때 아이는 성취감을 느끼고 배움의 기쁨을 누릴 수 있습니다. 여기서 중요한 것은 아이의 상태를 정확히 보는 눈을 기르는 것입니다. 부모의 욕심과 아이의 상태를 혼동하는 일이 너무 자주 일어나고 있기 때문입니다.

아이들의 생명력을 키워 주는
교육을 꿈꾸며

교육은 곳간에 곡식 낟가리를 쌓아 놓듯이 지식과 기능을 잔뜩 쌓는 일이 아닙니다. 아이가 지식과 기능을 많이 쌓으면 행복한 삶을 살아갈 거라고 믿는 사람이 많습니다. 아이의 삶에 피가 되고 살이 될 거라는 믿음으로 많은 것을 가져다 쌓고 넣는 것과, 아이가 스스로 빨아들이는 것은 매우 다른 뜻입니다. 앞의 말은 '이 것만 먹으면, 이것만 소화해 내면 네 행복은 보장된다. 그러니 믿고 받아들여!' 하는 말과 같습니다.

교사로 지내며 너무 안타까운 것은 고등학교 교실에서나 보이던 엎드려 자는 아이들이 이제 중학교로, 끝내 초등학교로 내려왔다는 것입니다. 엎드려 있는 아이들, 모든 일에 의욕을 보이지 않고 생명력과 기운을 뿜어내지 않는 아이들이 늘어나고 있습니다. 이와 반대로 잠시도 가만히 있지 못하거나, 조금만 속상해도 걷잡을 수 없이 분노를 폭발하고 그 화를 주체하지 못하는 아이들도 많아지고 있어요. 아이들이 생명력을 잃게 만드는 우리 사회의 현실이 너무나도 안타깝습니다.

나무가 햇볕이 충분하고 영양분과 물도 넉넉한 환경에 자리 잡았습니다. 그런데 환경보다 더 중요하고 결정적인 것이 있습니다. 바로 나무 스스로 물과 영양분과 햇볕을 빨아들일 힘이 있을 때 좋은 환경도 의미가 있습니다. 그 힘이 없다면 아무리 좋은 환경도 그림의 떡에 지나지 않습니다. 물과 영양분을 나무 속으로 억지로 밀어 넣을 수는 없기 때문입니다.

이 생명력은 누가 가지라고 해서 갖고, 누가 덜어 내라고 해서 덜어 낼 수 있는 힘이 아닙니다. 어쩌면 사람이 쉽게 조작할 수 있다고, 과학의 힘으로 어떻게 해 볼 수 있다고 생각할지도 모르겠습니다. 어떤 부분은 그렇게 할 수도 있겠지만 결국 그것은 잠깐일 뿐이고, 스스로 만들어 내는 힘이 없다면 머지않아 그 나무는 시들해지고 맙니다. 안에서 솟아난 힘이 아니라 밖에서 억지로 집어넣은 것이기 때문입니다.

교육은 스스로 내 삶에 보탬이 되는 것을 찾아 빨아들이고 소화하는 힘을 키우는 것입니다. 이 힘이 생명력이고, 교육은 이 생명력을 키우는 것입니다. 아이 삶에 보탬이 되는 것은 세상에 차고 넘칩니다. 다만 내 안으로 빨아들일 힘이 모자라거나 잃었을 뿐입니다. 갓난아기는 호기심으로 눈빛이 빛나고 여기저기를 둘러보고 만지고 온몸으로 느끼려 합니다. 어린이들은 잠시도 가만히 있지 않고 움직이고 뛰어다니고 물어보며 온몸으로 세상을 만납니다. 이 생명력을 키우고 가꾸는 학교생활이 되도록 부모와 교사가 함께 손을 잡고 노력하면 좋겠습니다.

학교에 갈 몸과 마음의 준비

입학은 아이에게 매우 큰 변화이자 도전이고 모험입니다. 아무리 뱃심 좋은 아이도 초등학교 입학을 앞두고 있으면 걱정과 두려움이 생깁니다. 아이는 학교에 대한 이런저런 이야기를 들어서 나름대로 알고 있는 게 있습니다. 새로운 친구들과 선생님을 만난다는 생각만 해도 웃음이 나오고 설레고 기다려지는 아이가 있는가 하면, 두렵고 걱정스러워 피하고 싶은 생각이 커지는 아이도 있습니다. 예민한 아이는 소화가 안 되거나 몸이 아프다고 하소연하기도 하지요.

낯선 사람을 만나는 것만 두려운 게 아닙니다. 학교만 생각하면 떠오르는 갖가지 교육활동, 해야 하는 일, 체험학습이나 행사 들이 있습니다. 또 학교라는 공간은 어린이집이나 유치원과 달라도 너무 다릅니다. 견줄 수도 없을 정도로 큰 데다가 화장실과 복도는 좀 투박하고 무뚝뚝해 보입니다.

놀 듯이 등교하고
하교해 보기

아이에게 몸과 마음의 준비를 할 기회를 일부러 만들어 주어야 해요. 학교가 정해지면 아이와 함께 학교까지 자주 가 봅니다. 실제로 등하교하듯이 미리 가 보는 것입니다. 진지하고 심각한 분위기가 아니라 즐겁게 장난치듯 가벼운 마음으로 가면 좋겠습니다. '이것 조심해라, 저것 조심해라' 잔소리가 따라 나오겠지만 하지 않도록 단단히 마음먹어야 합니다. 아이가 학교를 두려워하고 걱정하는 마음을 부드럽게 만드는 데 보탬이 됩니다.

이리도 가 보고 저리도 가 보고 여러 가지 길을 찾아봅니다. 부모와 좋은 추억 쌓기나 놀이를 한다는 기분으로 사진도 찍고 가게에 들어가 아이와 같이 군것질거리를 먹기도 하고요. 아이가 눈길을 주고 관심 보이는 곳에 머물며 아이 마음이 흐르는 대로 쓸데없는 일도 하면서 같이 즐깁니다.

그러는 사이 아이 가슴에 학교는 기분 좋은 곳, 기쁜 일이 일어나는 곳으로 느껴집니다. 집에서 학교까지 안전하게 등하교할 준비도 됩니다. 부모에게는 아이가 사계절이 여섯 번 바뀔 동안 날마다 오가야 하는 길을 아이 눈으로 바라보는 기회도 됩니다. 집에 돌아온 다음 지도에다 오간 길을 표시해 본다면 학교 둘레를 조금 더 넓게 보는 눈도 기를 수 있습니다.

이때 아이와 해야 할 일이 있습니다. 입학하고 나면 등하교는 되도록 아이 혼자 하는 게 좋지만, 어쩌다 배웅하고 맞이해야 한다면 식구들만 아는 '만남의 장소'를 미리 정해 둡니다. 알맞은 곳을 아이와 함께 찾아본 다음, 그곳에 우리만의 이름도 붙입니다. 교문에서 떨어진 곳에 '만남의 장소'를 정하고 거기에서 배웅하고 맞이해야 하는 까닭이 있습니다. 학교와 떨어진 곳에 아이와 만나고 헤어지는 공간을 만들어서 아이에게 학교생활은 내 힘으로 해 나가야 한다는 생각을 갖게 해 줍니다.

　학교란 부모가 개입하고 간섭하는 곳이 아닌 아이 혼자 힘으로 가꾸어 가야 하는 세계입니다. 이러한 사실을 부모와 아이가 받아들이고 인정하는 의식입니다. 학교와 거리를 둔다는 것은 아이와 알맞은 거리를 유지하고 아이가 자기 힘으로 삶을 가꾸어 가는 노력을 존중한다는 걸 뜻하기 때문입니다. 교육의 목표는 '보호'가 아니라 '독립'입니다. 부모가 아이의 모든 것을 다 해결해 줄 수 있다고 여기고, 아이와 부모가 하나되지 않으면 불안해할 때 아이는 홀로 설 힘을 기를 수 없습니다.

친구들과 오가는 등하굣길
그 행복한 시간을 돌려주어야

　5학년 담임할 때입니다. 아이들 사이에 속상한 일이 있어서 책상을 물리고 바닥에 둥글게 앉아 이야기를 나눌 때였습니다. 친구들과 사이가 나빠지면 밥맛도 없고 학교 오기도 싫어진다는 이야기를 나누는데 준희가 울먹이며 고백하는 것입니다.

"난 친구들과 등하교하는 거 보면 부러워."

한 아이가 이 말이 끝나자마자 숨도 안 돌리고 물었습니다.

"그러면 되잖아?"

"난 유치원 때부터 할아버지랑 같이 다녀. 할아버지가 나랑 다니는 걸 너무 좋아하시는데, 할아버지 서운해할까 봐……."

나중에 부모 상담을 할 때 준희 어머니와 자세히 이야기 나누어 보니 할머니가 돌아가시고 난 다음부터 할아버지가 손녀와 등하교하는 걸 무척 좋아하셨답니다. 아이 안전 때문에 시작한 일인데 그 뒤로 아이가 5학년이 될 때까지 이어진 것입니다.

상담한 뒤로 아이 혼자 다니기 시작했습니다. 혼자 힘으로 하는 등하교가 아이를 둘러싸던 지나친 보호막을 거두는 출발점이 되었지요. 아이만의 시간과 공간과 만남 그리고 이야기가 있어야 한다는 걸 어른들이 깨닫는 계기가 되었습니다.

등하굣길이 너무 위험하다면 어쩔 수 없지만, 등하교는 아이 혼자 해야 합니다. 등굣길 교문에서 부모 손잡고 등교하는 아이와, 친구들과 수다 떨며 오는 아이를 눈여겨보면 그 까닭을 확인할 수 있습니다. 아이들 표정과 기운, 말투와 몸짓이 다릅니다.

친구들과 만나 함께 오가며 느끼는 봄, 여름, 가을, 겨울은 아이들 가슴 깊이 들어옵니다. 삶의 일부가 되어 살아갈 힘을 주지요. 아이들과 함께 등하교하자고 약속하면서, 또 실제로 오가면서 친구들과 몸으로 겪으며 만들어 갈 이야기가 얼마나 많을까요? 3월 새로 만난 친구를 기다리다 함께 손잡고 걸어오며 추워서 웅크리기도 하고, 따스한 봄날 길가에 피어난 새싹과 꽃을 넋 놓고 보기도 하고, 갑자기 쏟아지는 비를 맞으며 장난치기도 하는 그 모든 것이 아이의 삶입니다. 학원이다 뭐다 온갖 일로 함께 어울릴 시간이 모자라는 아이들에게 친구들과 함께하는 행복한 등하굣길을 돌려주어야 하는 까닭입니다.

어울려 살아가는 데 필요한 규칙을
힘들어하는 아이들

아이가 집에서 부모와 지내면서 보이는 태도와 학교라는 공간에서 생활하며 보이는 태도는 다릅니다. 학교는 여러 사람과 어울려 살아가는 곳이지요. 따라서 눈에 보이지 않는 규칙이 많습니다. 이 규칙은 몸과 마음에 자연스럽게 스며들어 있는 것이 대부분입니다.

하지만 갖가지 사연으로 이 규칙이 자연스럽게 스며들지 못한 아이들이 많습니다. 요즘 학교는 과거와 달리 똥오줌을 못 가리는 아이들은 줄어들었습니다. 반면 여러 사람이 어울려 살아가는 데 필요한 규칙을 견디지 못하는 아이들이 빠른 속도로 늘어났습니다. 이러한 규칙이 견디기 힘든 것입니다.

규칙을 어기고 내 뜻대로 하려고 할 때, 학교에서 생활하고 친구들과 어울리는 데 어려움이 생깁니다. 사례를 하나하나 나열할 필요는 없습니다. 여기서 중요한 것은 아이가 힘들어하거나 누군가를 힘들게 할 때는 그동안 잠재된 것이 드러난다고 보면 됩니다. 이럴 때 아이가 완전히 잘못된 것처럼 심각하게 불안해하며 절망하는 부모를 자주 만납니다. 부모는 걱정되고 불안한 게 당연하지요. 하지만 아이는 흔들리며 성장한다는 것, 흔들리는 순간이 부모와 아이가 함께 성장할 수 있는 아주 좋은 기회라는 걸 떠올리면 좋겠습니다.

아이에게 문제 행동이 보일 때 부모는 세 가지 유형으로 나뉩니다.

첫 번째는 밖에서 원인을 찾습니다. '누구야? 누가 잘못해서 우리 아이에게 이런 일이 생겼지?' 하고 화살을 밖으로 돌립니다. 안 좋은 친구를 만나서, 담임과 안 맞아서, 유치원에서 겪은 일 때문이라고 원인을 돌립니다.

두 번째는 '내가 잘못 키워서, 우리 아이가 하는 게 그렇지' 하며 부모가 우울해하고 어둠속으로 가라앉는 유형입니다.

세 번째는 아이가 겪는 문제 상황을 정확히 파악하려고 노력합니다. 담임과 믿을 만한 어른 또는 전문가와 손을 잡고 어떤 노력을 해야 할지 탐색합니다. 아이가 보이는 문제 행동은 화가 아니라 복으로 바뀝니다. 앞서 말한 대로 부모와 아이가 함께 성장할 수 있는 아주 좋은 기회가 됩니다.

다만 믿을 만한 사람을 고를 때 내가 듣고 싶은 말만 해 주는 사람, 내 기준에 맞는 사람만 고르는 위험만 피하면 됩니다.

부모가 해야 할

준비는?

아이를 학교에 보내면서 부모가 마음 써야 할 것이 많지만 가장 중요한 것은 바로 열린 마음입니다. 자식을 바라보는 눈이 틀릴 수도 있다는 마음가짐입니다. 하지만 목숨같이 사랑하는 자식이기에 열린 마음을 갖는다는 것은 생각보다 쉽지 않습니다. '내 자식은 내가 가장 잘 안다'는 믿음을 내려놓아야 합니다. 내 생각이 틀릴 수 있다는 마음으로 아이를 살피고 담임이나 전문가의 말에 귀 기울이려는 마음을 갖는 것이 가장 중요합니다.

아이가 입학할 때 부모는 갖가지 이야기를 많이 듣습니다. 몇 가지만 펼쳐 보겠습니다.

① 아이에게 '난 네가 자랑스러워! 든든하고 믿음직스러워!' 하는
   느낌을 줘야 한다. 말과 함께 눈빛과 몸짓으로 표현해야 한다.
② 학교가 아이들을 잘하나 못하나 지켜보고 평가하는 곳, 힘든 일
   을 해야 하는 곳으로 느끼게 하는 말은 하면 안 된다. 이런 말은
   농담으로도 입에 올리면 안 된다. '그래 가지고 학교 가면 어떻

게 할래?' '그런 말 하면 선생님께 혼난다!' '저래 가지고 어떻게 학교에 갈까?'

③ 비교하는 말, 지나친 기대를 부추기는 말도 조심해야 한다. '반에서 가장 잘할 거야!' '걱정 마. 넌 뭐든지 잘하잖아!' 같은 말이다.

④ 똥오줌을 아이가 혼자 볼 수 있어야 한다. 평소에 잘 하더라도, 낯선 환경에서는 어려워할 수 있다. 아이가 혼자 볼일을 보고, 뒷정리까지 스스로 할 수 있도록 보살피고, 낯선 곳에 가서 미리 연습도 해 보아야 한다. 여행이 필요한 까닭이다.

⑤ 일찍 자고 일찍 일어나는 일은 매우 중요하다. 이게 안 되면 준비물을 스스로 챙길 수도 없고 날마다 지각하게 된다. 자주 지각하면 점차 신뢰감이 떨어지고 다른 아이들이 보내는 안 좋은 눈길을 의식하면서 위축되고 학교 가는 게 두려워진다. 일찍 자고 일찍 일어나는 것은 하루를 잘 풀기 위한 기초 가운데 기초다. 모든 것의 출발점이다.

그 밖에도 많습니다. 바르게 앉기, 마음이 상하거나 몸이 불편할 때는 선생님이나 친구에게 도움 청하기, 스스로 정리정돈하기, 인사하기……. 하지만 너무 걱정하지 않아도 됩니다. 사실 이 모든 것은 아이 때부터 일상생활에서 해 오던 것이고 앞으로 살아가면서 꾸준히 해야 할 공부이기 때문입니다.

배움은 학교에서만 일어나는 것이 아니라 하루하루 살아가는 모든 곳 모든 순간에 일어납니다. 아이를 입학시킨 덕분에 부모도 그동안 가졌던 생각의 틀에서 벗어나 아이와 생각을 주고받으며 함께 성장하기 위한 공부를 해야 합니다. 부모가 열린 마음으로 함께 배우고 노력하며 성장해 갈 때 아이들도 그만큼 자라납니다. 아이를 입학시키며 준비해야 할 일 가운데 가장 중요한 것은 부모도 함께 배우고 성장하는 길 위에 있다는 걸 깨닫는 일입니다.

아이 스스로 준비물 챙기기

"물 안 갖고 왔는데 어떻게 해요?"

"미술 숙제한 거 두고 왔어요."

"교과서 두고 왔어요. 또 혼나게 생겼어요."

자식 키우면서 이런 전화 안 받아 본 부모가 몇이나 될까요? 위에 있는 세 문장을 읽으며 말이 너무 우아하고 점잖다고 느낄 것입니다. 때로는 다짜고짜 왜 안 챙겨 줬냐고 짜증부터 내거나 울먹여 부모 가슴을 철렁 내려앉게 하는 아이들도 적지 않습니다.

부모는 이럴 때 어떻게 해야 할지 막막합니다. 한 발 물러서 있는 사람이야 우아하게 온갖 말을 할 수 있지만, 막상 아이가 떨리는 목소리로 말하는 걸 들으면 쉽지 않습니다. 일이 통 손에 잡히지 않아 당장 학교로 달려가고 싶어집니다.

아침 등교 시간이면 학교 문 앞에서 어른들이 무언가를 들고 서성이는 모습을 많이 볼 수 있습니다. 눈길은 자꾸 학교 안으로 향

하고 초조한 표정입니다. 이전에는 부모가 학교 안 교실까지 찾아 들어갈 수 있었지만 이제는 아이들의 안전 때문에 학교 울타리 안으로 들어가는 게 쉽지 않습니다. 전할 물건은 보안관실에 맡기고 아이가 내려와 찾아가게 해야 합니다.

준비물 스스로 챙기기는 중요한 공부!

준비물을 스스로 챙기는 일은 매우 중요한 공부입니다. 무언가를 하기 위한 수단이나 도구가 아니라 그 자체가 목적과 가치를 지닌 교육활동입니다. 내게 필요한 것은 내 힘으로 준비하고 책임지면서 내 삶의 주인은 나라는 걸 깨닫게 해 주는 중요한 공부입니다.

그런데도 준비물 갖추는 일을 수업에 지장이 없게 하는 수단으로만 착각하고, 아이가 잊고 간 준비물을 부모가 가져다주는 일이 너무나 쉽게 벌어집니다. 심지어 직장에 다니느라 가져다주지 못하면 죄책감마저 느낍니다. 준비물 챙기는 일 그 자체가 매우 중요한 배움이라는 사실을 놓치고 있기 때문입니다.

더욱 안타까운 것은 이 공부야말로 하루아침에 되는 게 아니라, 긴 시간 동안 몸과 마음에 스며들도록 해야 하는 공부라는 사실을 잊고 있다는 것입니다.

준비물 갖추는 데 필요한
몇 가지 능력

학교에서 이루어지는 모든 교육활동에 아이들은 정성껏 참여해야 합니다. 몸도 마음도 준비가 되어 있어야 할 수 있습니다. 몸과 마음이 학교 흐름에 집중할 때만 필요한 것을 미리미리 준비할 수 있습니다. 그런데 이게 생각처럼 쉽지 않습니다. 몇 가지 능력이 뒷받침되지 않으면 구멍이 나기 시작하지요. 필요한 능력 몇 가지를 살펴보겠습니다.

첫째, 교실 상황을 읽어 내는 힘이 있어야 합니다. 무엇보다 먼저 선생님이나 친구들 말을 귀담아듣고, 써 놓거나 외우거나 잊지 않으려고 노력해야 합니다. 이 상황에서 내가 해야 할 게 무엇인지 눈치채고 거기에 맞게 행동하는 힘이 필요합니다. 말과 글로 표현되지는 않더라도 상황만으로 판단할 수 있어야 합니다. 준비물을 갖추지 않으면 수업에 참여할 때 나에게 어떤 어려움이 생기는지, 때로는 나뿐만 아니라 같은 모둠 아이들이나 교실 전체에 어떤 영향을 미치는지 알아야 합니다. 주변 상황을 읽어 내고 중요한 것이 무엇인지 파악하는 힘이 모자라면 준비물 갖추는 게 쉽지 않습니다.

둘째, 준비물 종류에 따라 어떻게 준비해야 할지 판단하는 힘이 있어야 합니다. 일의 가닥을 파악하는 힘입니다. 낮부터 미리 챙겨야 할 것, 부모님이 퇴근한 뒤에 해도 되는 것, 돈이 필요한 것, 내가 혼자 준비할 수 있는 것 가운데 어떤 준비물인지 가려낼 수 있어야 합니다. 판단이 안 설 때는 부모님과 통화해 도움을 요청할 수 있어야 합니다. 그마저도 어려울 때는 친구나 선생님에게 물어보는 것도 능력이지요. 내 앞에 닥친 문제의 성격을 파악하고 일의 순서를 잡고 해결해 가는 힘을 키우는 대단히 중요한 순간입니다. 처음에는 쉽지 않습니다. 시행착오도 있고 실수도 하고 좌절도 겪습니다. 그렇다고 부모가 대신 해결해 주면 아이가 이런 힘을 기를 기회는 사라집니다.

셋째, 스스로 챙겨서 가져갈 수 있도록 갈무리해 놓아야 합니다. 준비물 종류에 따라 알맞은 운반 방법이나 도구도 정해야 하고, 아침에 일어나 잊지 않고 가져가도록 대책을 세워 놓아야 합니다. 이 모든 것을 아이 스스로 해야 합니다.

1학년 담임하던 때 아이들 몇이 떠오릅니다. 한 아이는 어렵게 챙겨 놓은 실내화를 몇 번이나 잊어버리고 그냥 와 고생했는데, 하루는 담임인 저에게 다가와 자랑을 하는 것입니다.

"선생님! 실내화 어떻게 가져왔는지 아세요?"

"어떻게 했니? 지난주 월요일엔 잊고 왔잖아? 화요일에도 그냥 오고."

"종이 가방에 넣어서 현관 앞에다 놓고 잤어요. 가방이랑 같이."

"네가 그렇게 한 거야?"

"네. 제가 혼자 생각해서 그렇게 한 거예요."

1학년 아이들과 여름에 팥빙수 만들어 먹는 수업을 할 때입니다. 한 아이가 단팥을 준비해야 하는데 낮에 자기 혼자 살 수 없으니까 부모님에게 전화를 해서 자기 모둠 아이들이 먹을 단팥을 준비해 달라고 했던 것입니다.

"엄마, 아빠가 잘 잊어 먹어요. 그래서 어떻게 한 줄 아세요?"

"어떻게 했는데?"

"종이에 글씨를 써서 붙여 놨어요."

"뭐라고 썼어?"

나중에 부모 상담할 때 들었습니다. 종이에 색연필로 예쁜 그림까지 그려서 붙였 놓았던 것입니다. 냉장고 문, 안방 문, 화장실 문 그리고 현관문에까지. 그렇게 해 놓고 아이는 잠이 들었습니다. 아이 이야기를 하는 내내 부모 얼굴이 환했습니다. 그동안 부모가 몇 번 실수를 한 걸 알고 있기 때문에 아이가 그렇게까지 한 것 같다고 말하며 활짝 웃습니다. 아이가 성장한 모습을 바라보는 뿌듯함과 아이를 믿는 마음이 느껴집니다.

언제부터
스스로 챙겨야 할까?

그렇다면 언제부터 스스로 챙기게 해야 할까요? 초등학교 입학할 때부터? 아니면 학교에 적응하고 난 다음이 좋을까요? 어느 때부터라고 정할 일은 아닙니다. 태어난 순간부터 혼자 할 수 있는 건 스스로 하게 하는 걸 원칙으로 세워야 합니다. 아이의 성장 단계에 맞춰 스스로 하는 힘을 길러 나가야 합니다. 여기서 말하는 '준비물'의 의미를 넓게 해석할 필요가 있습니다. 무언가를 만지거나 가지고 노는 것도 되도록 아이 스스로 결정하게 해야 합니다. 부모가 모든 것을 결정한다면 아이는 부모라는 매개체를 거쳐 걸러진 것만 몸과 마음으로 경험합니다. 부모의 통역을 통해서만 세상을 알아가는 것과 다르지 않지요.

아이의 안전을 해치지 않는 선에서 그때그때 아이가 몸으로 겪으며 깨달아 가도록 해야 합니다. 젖병과 수저를 쓰는 것도 처음에는 부모가 도와주다가 알맞은 때 아이가 스스로 하도록 해야 합니다. 아이의 특성과 상황에 맞춰 가며 되도록 빨리 부모의 도움을 줄여 가야 아이가 선택하고 도전할 기회가 늘어납니다. 이 모든 것이 아이 스스로 해내는 힘을 갖추도록 도와주는 노력입니다. 스스로 하는 경험이 쌓이고 쌓여 혼자서 해내는 힘이 생겨야만, 준비물을 스스로 갖추고 싶다는 마음과 갖출 수 있다는 자신감이 아이 안에서 솟아나기 때문입니다.

1학년에서 하는 '송편 만들기' 수업을 예로 들어 보겠습니다. 학교에 다녀온 아이가 준비해야 할 것이 자세히 써 있는 인쇄물을 내놓습니다. 이럴 땐 어떻게 해야 할까요? 선생님들이 써 준 대로 부모가 준비물을 갖추어 줄 수도 있습니다. 헷갈리는 게 있어 아이에게 물어보면 속 시원한 대답은 없고 답답하기만 하니 부모가 여기저기 전화해서 알아본 뒤 깔끔하게 갖추어 놓습니다. 시간도

적게 걸리고 머리 아플 게 없습니다.

이런 일이 되풀이되면 아이는 담임이 준비물에 대해 설명할 때도 귀담아들으려 하지 않습니다. 준비물이 필요한 상황을 알아볼 마음조차 먹지 않습니다. 담임이 써 준 종이만 전하면 부모가 알아서 챙겨 주기 때문에 귀담아들을 필요를 느끼지 못합니다.

부모가 준비물을 챙겨 주는 경험이 되풀이되면 아이는 이렇게 행동합니다.

"내일 챙겨 가야 할 게 뭐야?"

"선생님이 써 준 종이에 다 있어요."

남의 일인듯 말하고는 저 하고 싶은 일을 합니다. 그동안 부모가 챙겨 왔기 때문에 준비물을 갖추는 건 내 일이 아니게 됩니다.

이런 상황을 막으려면 시간이 걸리고 귀찮더라도 이렇게 해야 합니다.

"내일 뭐 하는 거야?"

"응, 송편 만들기."

"송편? 지난 추석에 할머니 댁에서 만들었잖아. 네가 만든 게 가장 예뻤는데. 그런데 넌 뭘 가져가야 해?"

"반죽이랑, 안에 넣는 거는 선생님이 준비한대. 송편 담을 통을 가져와야 한다고 선생님이 그랬어. 포크랑, 접시도."

이야기가 완전히 달라집니다. 인쇄물이나 알림장이 있다 하더라도 아이가 알고 있는 걸 말하게 하고 부모는 정성껏 들어줍니다. 아이는 부모가 내 말을 귀담아들어 줄 때 존중받는 느낌, 자존감을 느낍니다. 그러다 보면 다른 사람이 말할 때 귀담아듣는 게 중요하다는 걸 깨닫고 그런 태도가 아이 몸에 스며듭니다. "귀담 아들어라, 선생님 말씀 잘 들어라" 하고 백번 말하는 것보다 아이 말을 귀담아들어 줄 때 아이 귀는 더욱 크게 열립니다. 다른 사람의 말을 귀 기울여 듣고 핵심 내용을 잡아내는 힘을 기르는 것이 국어 과목의 중요한 교육목표라는 걸 떠올려 보면 좋겠습니다. 준비물 챙기는 공부가 단순히 준비물 갖추는 것으로 끝나지 않는 까닭입니다.

아이 말을 들으며 준비물 챙기는 일은 쉽지 않습니다. 앞서 말한 것처럼 술술 풀리지 않지요. 들은 말을 정확하게 옮기는 능력은 하루아침에 생기지 않습니다. 아이가 시행착오를 겪으며 깨달아 가도록 해야 합니다. 이 과정에서 왜 못 알아들었냐고 꾸중하거나 어두운 표정으로 대하면 아이는 점점 입을 닫게 됩니다. 자꾸 놓치는 게 당연합니다. 편안하게 실수하되 그런 상태에서 서서히 벗어날 수 있도록 도와주는 게 부모의 역할입니다.

준비물 갖추기에서 놓치지 않아야 할 원칙은 어른의 간섭은 최소로 하고 아이가 더 많이 생각하고 움직이게 하는 것입니다. 알림장, 가정통신문을 보고도 아이가 어려워하는 게 있으면 부모가 눈치껏 읽어 주되 되도록 아이가 자기 힘으로 챙길 수 있도록 해야 합니다. 이유식하는 마음으로 곁에서 도와줍니다. 부모의 욕심이나 기준이 아니라 아이의 발달단계와 특성에 맞게, 아이의 반응에 맞춰 가며 서서히 단계별로 난이도를 높여야 합니다.

이 과정에서 늘 마음에 새겨야 할 것은 준비물 갖추기의 목적이 완벽한 준비가 아니라, 아이 스스로 챙기는 힘을 기르게 하는 것입니다. 안전에 관련된 것이 아닌 한 실수를 받아 주고 기다리는 자세가 필요합니다.

준비물을 잊고 간 날은
뒷감당하는 힘을 키우는 좋은 기회

스스로 준비물 챙기는 습관을 길러야 할 때를 놓친 경우가 많습니다. 그렇다고 "이제부터 준비물 잊고 가면 네가 알아서 해! 그래야 책임감도 생기니까" 하고 느닷없이 밀어붙이면 안 됩니다.

준비물을 스스로 갖추는 게 중요하다는 이야기를 아이와 미리 충분히 나누어야 합니다. 되풀이해 이야기해 주어서 아이가 그 까닭을 깨달아 스스로 준비물을 갖추는 것이 자연스럽고 당연한 일이 되어야 합니다. 이 원칙을 벗어나는 것은 매우 잘못된 행동이라는 분위기를 만들어야 합니다. 그런 다음 아주 간단한 것, 아이가 해내기 쉬운 것부터 스스로 챙겨 보도록 미리 약속을 합니다.

다만 처음부터 잘 해낼 거란 기대를 한다면 그건 실패의 지름길입니다. 잘못하면 아이와 관계마저 틀어집니다. 시행착오가 있을 거라는 이야기를 아이와 미리 나눕니다. 아이에게 빠져나갈 구멍을 만들어 주는 것입니다. 유예기간을 두지 않으면 한두 번 실패한 다음 포기하거나, 자기 자신에 대해 어두운 감정이 올라올 수도 있으니까요. 그렇기 때문에 느긋하게 해 나가야 합니다.

지금까지는 준비물을 잊고 가면 부모가 챙겨 주었는데 느닷없이 딱 멈추면, 아이는 상당히 당황스럽고 부모가 나를 미워한다고 생각할 수도 있습니다. 그래서 미리 이야기를 나누는 과정이 필요한 것입니다. 마음의 준비를 갖춘 뒤 아이가 시작해도 좋다고 동의한 때부터 조금씩 단계를 높여 갑니다. 강요가 아니라 기분 좋게 합의해야 합니다.

준비물을 잊고 가서 아이가 어려워하고 수업 시간에 꼭 해야 하는 걸 못 할까 봐 부모가 계속 챙겨 준다면 스스로 챙기는 힘은 언제 키울까요? '이건 꼭 필요하니까 이번만은……' 하면서 부모가 하던 일을 멈추고 가져다준다면 아이는 뒷감당하는 힘을 기르는 기회를 영영 가지지 못합니다.

준비물을 잊고 갔다며 아이가 전화를 하더라도 당황하지 않으면 좋겠습니다. 아이가 책임지는 힘을 기를 기회가 온 것입니다. 아이도 마음의 준비를 하도록 미리 충분히 이야기했기 때문에 나름대로 마음의 준비가 되어 있을 것입니다. 준비물을 빠뜨리고 가면 고생하거나 잔소리 듣거나 모둠 친구들이 화내고 다그칠 수도 있습니다. 이런 아픔을 견뎌 내야 합니다.

아이는 이 어려운 상황을 어떻게 헤치고 나갈지 궁리해야 합니다. 우선 지금 자기가 놓인 상황을 파악한 뒤 준비물이 없으면 어떤 일이 일어날지 미루어 짐작합니다. 상황이 나빠지는 걸 막으려

고 아이는 이리저리 머리를 굴립니다. 준비물을 빌려야겠다는 생
각이 들면, 친구들이 가져온 준비물도 알아야 하고, 아이들마다 성
격이나 나와 친한 정도도 읽어 내야 해요. 어디 가서 빌려 오거나
학교 구석구석을 떠올리며 주워 올 곳은 없는지 머리를 쥐어짜야
하고요. 대체할 것이 있는지, 도움을 요청해야 할 사람은 누구이고
누가 도와줄 만한지도 판단합니다. 안 되면 어떻게 책임을 질 건
지 미리 정해서 선생님께 말씀드리는 것도 훌륭한 모습입니다.

　다시 말하지만 준비물이나 과제를 완벽하게 챙기는 것이 목적
이 아닙니다. 이런저런 시행착오를 겪으며 아이 스스로 챙기는 힘
을 기르는 게 목적입니다. 힘들지만 누구나 실수할 수 있고 그 실
수를 극복하고 책임지며 또다시 새로 시작하는 힘을 기르는 기회
입니다. 준비물을 부모님이 가져다주는 순간 이 좋은 기회는 사라
진다는 것도 잊지 않으면 좋겠습니다.

학교 여는 날,
어떻게 활용할 것인가?

'학교 여는 날'을 어떻게 자녀 교육에 보탬이 되게 할 수 있을까요? '학부모 수업 공개' '학부모 수업 참관'이라고 하던 걸 제가 근무하던 학교에서는 '학교 여는 날'로 바꾸었습니다. '학부모 수업 공개'라고 하면 학부모가 수업 흐름을 자세히 살피고 분석해야 한다는 느낌이 듭니다. 또 자녀의 수업 태도와 참여하는 모습을 알아보는 날로 생각됩니다. 그러나 '학교 여는 날'을 마련한 목적은 수업을 보는 것이 아닙니다. 이런 날을 마련한 가장 큰 까닭은 아이의 학교생활을 이해하기 위한 것입니다. 아이들은 집과 학교에서 살아가는 모습이 다릅니다. 식구들끼리 지내는 집과 또래들이 어울려 지내는 학교에 흐르는 심리적 환경이 완전히 다르기 때문입니다.

학교에 따라 차이가 있지만 수업 시간뿐만 아니라 놀이 시간까지 열어 보이는 경우도 있습니다. 내 아이뿐만 아니라 아이를 둘러싸고 있는 심리적, 물리적 환경도 살펴서 아이를 조금이라도 더 깊고 다양한 관점에서 이해해야 합니다. 그래야 부모와 교사가 지혜를 모아 아이를 도울 수 있는 길을 찾아낼 수 있습니다. 학교 여는 날에 아이를 잠깐 살펴본 걸로는 아이를 깊고 넓게 이해할 수는 없습니다. 그렇지만 이날 읽어 낸 몇 가지만으로도 담임과 이야기를 풀어 갈 실마리로 삼기에는 충분합니다.

학교 여는 날
무엇을 봐야 할까?

첫째, 아이가 선생님, 친구들과 생각과 느낌을 편안하게 주고받는지 살펴보아야 합니다. 내 생각만 주장하는지, 남의 생각을 받아들이려고 마음 쓰는지 눈여겨보세요.

둘째, 선생님이나 다른 친구가 말할 때 귀담아듣는지 살펴보아야 합니다. 듣는 태도에서 많은 걸 읽어 낼 수 있기 때문입니다. 단순히 자세가 좋다, 나쁘다와 달리 아이가 처한 몸과 마음의 건강 상태가 나타나기도 합니다.

셋째, 수업 시간에 주어진 과제(듣기, 쓰기, 발표하기 등)에 어느 정도 몰입하는지 살펴보아야 합니다. 이 몰입이 수업 흐름에 맞는 것일 수도 있고, 수업과 상관없이 혼자만의 생각에 빠져 있을 수도 있습니다. 이런 걸 흔히 수업 흐름을 타는 힘이라고 말합니다.

넷째, 책상 서랍이나 사물함 속 물건, 책상, 의자, 가방 들을 나름대로 정리하며 생활하는지 살펴야 합니다. 물론 아이마다 물건을 관리하고 정리하는 특성이 조금씩 다르다는 점은 충분히 고려해야 합니다. 하지만 마구 흩어져 있으면 스스로 불편할 수도 있고 다른 사람들을 어렵게 할 수도 있습니다. 여럿이 함께 생활하는 교실에서는 다른 친구에게 피해를 주지 않을 정도로 정리하려고 노력해야 합니다.

이는 단순히 정리를 잘한다, 못한다는 습관의 문제만은 아닙니다. 꼭 있어야 할 것이 없고 진작 버려야 할 것이 있다면, 아이가 자기 삶에 집중하지 못한다는 것을 뜻합니다. 우리는 이런 걸 '마음이 흩어져 있다, 안정감이 부족하다'고 합니다. 물건을 정리하는 태도로 자기 삶을 살피고 가꾸는 데 마음을 집중하고 있는지 아닌지를 알 수 있습니다. 그러나 부모가 서랍이나 사물함을 직접 정리해서는 안 됩니다. 그건 아이 삶의 영역입니다. 시행착오를 겪으면서 스스로 정리하는 힘을 기르는 것 또한 매우 중요한 공부이기 때문입니다.

다섯째, 그 밖에 놀이 시간(쉬는 시간)에는 아이들의 움직임과 동선, 놀이 종류, 주고받는 말이나 표정…… 여러 가지 모습을 살펴보아야 합니다. 수업만 보고 휘리릭 돌아서 가는 분들을 볼 때 무척 안타깝습니다. 물론 학교에서도 놀이 시간에 아이들을 살필 수 있도록 충분한 시간을 주려고 노력해야 하지만, 이런 흐름을 만들기 위해서라도 부모들이 수업뿐만 아니라 놀이 시간에도 아이들을 살피는 것이 교육적으로 매우 가치 있고 소중한 것이라는 걸 이해하고 있어야 합니다.

여섯째, 학교 여는 날 부모는 아이들의 흐름을 깨뜨리지 않아야 합니다. 아이가 수업에 방해되는 행동을 하거나 교사 설명에 맞지 않게 실수할 때, 아이 행동을 고쳐 주는 부모들을 가끔 봅니다. 또 놀이 시간에 아이들끼리 놀다 다투거나 갈등이 일어날 때 끼어들기도 합니다. 매우 당황스럽습니다. 심지어 몇몇 아이에게 다가가 집에 놀러 오라고 말하거나, 예전에 그 아이가 자녀를 힘들게 한 일을 이야기하는 부모도 더러 있습니다. 학교 여는 날에 참여할 때는 아이들의 흐름에 부모가 개입하지 않는 것이 매우 중요합니다. 학교 울타리로 들어서는 순간 그곳은 단순히 학교가 아니라 아이만의 삶의 영역이기 때문입니다.

어둠을 족집게로 집어내는 건 잔소리
밝음을 찾아 북돋워 주는 건 칭찬

학교 여는 날을 마련한 목적은 또렷합니다. '아이의 좋은 점은 더욱 북돋워 주고 마음에 걸리는 점은 담임과 힘을 모아 가꾸어 가는 것'입니다. 학교 여는 날에 다녀온 그날 바로 학교에서 지켜보다가 마음에 걸렸던 아이의 모습을 아이에게 말하거나 잔소리를 퍼붓는다면 어떨까요? 아이는 자기가 살아가는 모습을 부모에게 보여 주길 꺼리게 됩니다. 마찬가지로 담임의 단점을 찾아내 비난한다면 담임 또한 방어막을 치게 되지요. 결국 부모와 교사가 아이의 성장과 발달에 보탬이 되는 지혜를 툭 터놓고 모으기는 어려워집니다.

학교 여는 날, 아이의 다양한 모습을 보았습니다. 집에 아이가 돌아왔을 때 어떻게 이야기를 나눌까요?

"너, 왜 손 안 들었어?"

"바르게 앉지 왜 그렇게 앉니?"

"왜 선생님 설명 안 듣고 뒤에 앉은 아이와 장난을 해?"

이런 말은 지적하는 말, 잔소리입니다. 무언가를 지적하고 고치려고 잔소리할 때 아이는 부모가 학교에 오는 걸 꺼리기 시작합니다. 부모 마음속에는 자식에 대한 욕심이 있기 때문에 아이의 어두운 모습이 크게 보이는 게 당연합니다. 그렇기 때문에 있는 그대로의 모습, 아니 밝은 모습을 찾아내 더욱 크게 보려고 노력해야 합니다.

학교에 다녀오는 길에 아이에게 어떤 말을 할지 떠올려 본 다음 밝은 기운을 주는 긍정적인 말을 한두 마디 꼭 준비합니다. 미리 연습까지 하면 큰 보탬이 됩니다.

"네가 운동장에서 뛰는 걸 보니, 가슴이 벅차오르고 눈물이 나려고 해!"

"나는 왜 다른 아이는 안 보이고 너만 자꾸 보이지?"

"수업하는 모습이 어찌나 예쁜지 수업만 아니면 당장 가서 안아 주고 싶더라."

다른 누구와 견줄 것 없이, 있는 그대로 충분히 예뻐하고 감동해 주면 됩니다. 물론 여러 가지 모습을 세밀하게 관찰하고 마음에 걸리는 것, 다듬고 가꾸어야 할 것은 잘 간직해 두어야 합니다. 알맞은 때 아이와 이야기하거나 담임선생님과 상담해 풀어 갈 수도 있고 필요하다면 전문가에게 도움을 청해야 합니다. 학교에 자주 올 수 있는 것도 아니고 이런 기회에 자세히 살펴서 아이에게 보탬이 되도록 해야 하기 때문입니다.

아이가 이 세상에 존재하는 것 자체가 행복이고 고마움이어야 합니다. 그래야 아이가 주위에서 밝은 기운을 받아 어두운 모습을 스스로 고쳐 나갈 힘을 저절로 만들어 냅니다. 밝은 면이 커지면 어두운 면은 조금씩 사라집니다. 다시 말해, 빛으로 어둠을 몰아내는 것입니다.

"자세 바르게 하고 앉아."

"너 오늘 지각했네."

"글씨가 이게 뭐니?"

이렇게 잔소리를 해서 아이의 행동이 고쳐지면 이 세상 모든 부모들은 잔소리하느라 잠도 안 자고 밥도 안 먹을 것입니다.

아이에게 일어나는 작은 변화를 읽어 내려고 노력해야 합니다. 촉수를 세우고 있어야 합니다. 어른 눈에는 작고 보잘것없는 걸로 보일지 모릅니다. 하지만 각오와 다짐, 노력이 10이라고 하면 그 가운데 겉으로 드러나는 건 1이나 될까 말까 하는 게 사람의 행동이지요. 부모는 아이에게서 아주 작은 변화, 눈에 보이지 않을 정도로 미세한 변화가 겉으로 드러날 때 그걸 읽어 내는 힘이 있어야 합니다.

마치 이른 봄, 구석에 피는 봄꽃처럼 허리 숙이고 정성을 다해 애정을 가지고 살펴볼 때만 그 변화가 눈에 들어옵니다. '그 작은 변화가 있기까지 아이가 얼마나 애썼을까?' 하고 공감할 때, 작은 변화 속에 담긴 아이의 노력을 읽어 내고 감동할 때, 아이는 또다시 힘을 냅니다. 스스로 알고 있는 어둠을 거두어 내기 위해 더 많은 용기와 인내심을 발휘하려고 노력합니다.

교사로 지내며 깨달은 게 있습니다. 아이에게서 빛을 찾아내려 눈여겨보고 작은 빛만 보여도 흠뻑 감동하려 노력해야 한다는 것입니다. 지각하는 아이에게 지각한다고 잔소리하지 않고 어쩌다 일찍 오면 반갑게 맞아 아이를 꼭 안아 줍니다. 글씨가 엉망인 아이에게도 공책에 써 있는 여러 글씨들 가운데 가장 잘 쓴 글씨를 찾아내 말합니다.

"이 글씨 참 예쁘다. 정성껏 썼어!"

이럴 때 쓰는 말이 '빛이 어둠을 밀어낸다'입니다. 어둠을 족집게처럼 집어내는 건 잔소리이고 밝음을 찾아 북돋워 주는 건 칭찬이지요.

학교 여는 날은 수업에만 집중하는 날이 아닙니다. 수업만이 아니라 학교생활 전반에 걸쳐 아이의 여러 가지 특성을 살피고 중요한 점을 마음에 담아 두는 날입니다. 밝은 면은 더욱 커지도록 북돋워 주고 겪고 있는 어려움이 있다면 담임과 전문가와 지혜를 모아 도와주는 기회, 문제를 풀어 가는 전환점으로 삼는 것이 가장 큰 목적입니다.

진로 교육 어떻게 할까?

5학년 담임할 때 어느 부모와 주고받은 이야기입니다.

"선생님, 보시기에 우리 아이 어때요?"

"아이들하고 즐겁게 잘 지냅니다."

"한 학기 지내면서 보기에 아이 적성이랄까 재능이 어디에 있다고 보세요?"

"아이들과 잘 어울리고 수업에 잘 집중합니다. 과제나 해야 할 일 성실하게 하고, 책 읽기도 아주 좋아합니다. 잊을 뻔했네요. 체육 시간에도 얼마나 즐겁게 빠져드는지, 뭐 나무랄 데가 없습니다. 아주 잘 지내고 있어요."

부모는 담임 대답에 귀도 기울이지 않고 곧 다시 물어봅니다.

"이제 고학년인데 뭔가 방향을 잡고 준비해야 하잖아요. 공부를 아주 잘하는 것 같지도 않고 특별한 재주가 보이질 않아요. 요즘은 특별해야 살아남잖아요. 선생님 보기엔 어때요?"

"아이들과 관계 잘 풀어 가며 지내고 수업 태도 좋고 성실하고 몸 움직여 하는 운동도 잘하고 나무랄 데가 없는데……."

"선생님께서 좋게, 예쁘게 봐 주셔서 그래요. 공부를 아주 잘하면 별로 머리 아플 게 없잖아요. 아무리 봐도 그 정도는 아니고 우리 애 애매한 거 알아요. 에휴…… 뭔가 배우고 싶다고 해서 피아노, 태권도, 요리 이런 거 돈 들여 시켜 보면 처음에는 재미있다고 다녀요. 그러다 조금만 힘들면 안 가겠다고 그만두고……. 참고 견디는 힘이 부족해요. 하다 말고 하다 말고, 벌써 몇 번째인지 몰라요. 애가 끈기가 없어요."

'공부를 잘하는 것 같지도 않고.' 이 말이 가진 힘이 엄청납니다. 우리 사회에서 '교육' 하면 가장 먼저 떠올리는 게 시험 성적입니다. 부모들 대부분은 내 아이가 다른 아이보다 학습 능력이 뛰어나다는 걸 확인하고 싶어 합니다. '공부'와 같은 뜻으로 쓰이는 '성적'이라는 낱말이 블랙홀처럼 모든 걸 빨아들입니다. 아이가 뿜어내는 갖가지 적성과 재능의 신호를 읽지 못하도록 눈을 가립니다.

먹어 봐야 맛을 알고
해 봐야 적성과 재능을 알지!

아동기는 몸을 움직여 세상과 나를 깨닫는 시기입니다. '산'을 글자로 배우는 것과 몸으로 배우는 것은 차원이 다릅니다. 산에서 봄, 여름, 가을, 겨울 사계절을 체험한 아이가 산이란 낱말을 듣거나 읽었을 때 떠올리는 이야기가 많을까요? 아니면 산을 글자로 배운 아이가 떠올리는 이야기가 많을까요? 두 아이가 산에 대해 만들어 가는 이야기의 양과 질은 시간이 갈수록 엄청나게 차이가 납니다. 그렇기에 초등교육에서는 국어만이 아니라 수학, 과학 그 밖에 다른 과목도 이론이 아니라 몸으로 겪으면서 배우도록 교육과정을 계획하고 운영합니다.

이 시기에 가장 중요한 것은 체험입니다. 체험이라고 하니까 현장체험만 떠올릴 수 있는데요, 여기에서 말하는 체험이란 오감을 모두 써 가며 깨닫는 공부를 말합니다. 과학에서는 실험과 관찰이, 수학에서는 물건이나 교구를 이용한 다양한 조작 활동이 체험에 해당됩니다.

진로 교육에서도 오감을 활용한 체험 중심 교육이 중요합니다. 초등 진로 교육의 목적은 체험을 하면서 아이들 몸과 마음에 잠재된 적성과 재능이 드러나게 하는 것입니다. 내 안의 나를 새롭게 느끼고 발견하는 것입니다.

다들 부러워하는 안정된 직업, 멋있고 돈벌이 잘 되는 그런 직업이 어떤 건지는 어느 정도 증명되었습니다. 진로 교육을 전망이 좋아 보이는 직업을 탐색하고 그 준비를 하는 것이라고 여기는 이들이 적지 않습니다. 이런 흐름 속에 살아온 아이들은 이런 생각을 합니다.

"저 일 하면 돈 잘 벌겠다."

"앞으로 전망이 있겠는데, 저거 해 볼까?"

"멋있겠는데."

아이는 자기를 그 직업에 끼워 맞추기 시작합니다. 내 안에 잠자고 있는, 아직 드러나지 않은 적성과 재능은 중요하지 않게 됩니다. 거기에 마음 쓸 틈이 없습니다. 아이 또는 아이가 지닌 적성과 재능이 중요한 게 아니라 밖에서 세운 기준이 중요하니까요.

하루하루 지내는 삶이야말로
가장 좋은 진로 교육 현장

아이의 잠자는 적성과 재능은 어떤 프로그램에 참여하거나 전문가의 도움을 받아서 드러나는 게 아닙니다. 특별한 곳에서 찾을 게 아닙니다. 먹고 입고 건강하게 지내는 일상생활에서 아이의 재능이 드러납니다. 우리 둘레에 수많은 직업들을 살펴보면 압니다. 요즘은 기술이 빨리 변하면서 새로운 직업이 많이 생겨납니다. 하지만 그 모든 직업이 먹고 입고 잠자고 건강하게 지내도록 돕는 활동에서 벗어나지 않습니다. 그 어떤 첨단 기술도 위의 활동을 도와주는 것과 이어지지 않는 기술은 없습니다. 생산, 유통, 판매, 주거, 의료, 문화…… 모든 분야가 다 해당됩니다.

그러기에 진로 교육의 핵심은 날마다 살아가면서 벌어지는 일을 되도록 자기 힘으로 직접 해 보게 하는 것입니다. 노동이라고 말할 정도로 집안일을 한다거나, 밖에 나가 돈을 벌어 오는 걸 말하는 것이 아닙니다. 체험하는 정도로 하되 되도록 아이 스스로 계획하고 할 수 있게 알맞은 수준에서 조절해 주어야 합니다. 생활에 필요한 일을 할 때 아이의 반응, 눈빛, 몸짓 들을 보면 어떤 일을 할 때 몰입하는지 알 수 있습니다. 아이 마음이 더 끌리는 분야에 조금 더 깊이 파고드는 기회를 마련해 줍니다.

학교교육은
진로 교육의 보물 창고

진로 교육을 이야기할 때 놓치는 게 바로 학교교육입니다. 초등교육은 발달단계에 맞추어 짜 놓은 교육과정을 바탕으로 이루어집니다. 어느 것을 집중해서 하는 것이 아니라 사회적 합의와 전문가들의 의견을 반영해 갖가지 체험을 그 안에 담고 있습니다. 그렇기 때문에 학교만큼 아이들의 발달단계에 맞는 다양한 체험 프로그램을 갖춘 조직은 없습니다.

더구나 또래 아이들이 혼자, 또는 모둠별로 여럿이 모여서 체험합니다. 학교에 모이는 아이들은 여러 가지 특성을 지니고 있고, 저마다 다른 환경에서 성장해 왔습니다. 그렇기에 세상을 바라보는 시각과 재능도 다릅니다. 옷을 계절과 상황에 맞게 잘 골라 입거나, 책 속 등장인물의 성격이 드러나도록 캐릭터를 잘 그리는 아이가 있습니다. 야구 선수의 타율, 승률, 구질 따위를 줄줄 외워 부러움을 사는 아이도 있지요. 자기 둘레에 친구들이 늘 모여들게 만드는 재주를 가진 아이가 있는가 하면, 혼자서 책 읽는 것을 좋아하는 아이도 있습니다. 이렇게 온갖 아이들과 만나 서로 자극을 주고받으며 지내다 보면 새로운 분야에 눈을 뜨거나, 자기도 모르던 관심 분야와 능력을 발견하기도 합니다. 학교교육은 여럿이 함께 지내는 것만으로도 이미 진로 교육이 이루어질 기본을 갖추었습니다.

학교 교육과정과 프로그램에 아이가 정성껏 참여할 수 있도록 도와주어야 합니다. 안타깝게도 학교교육이 진로 교육에 큰 영향을 주지 못한다고 판단해 특별한 사교육을 받거나 전문가의 도움을 받아야 한다는 생각이 널리 퍼져 있습니다. 학교에서 이루어지는 갖가지 교육활동을 진로 교육의 관점에서 바라보기보다는 '그냥 해야 하니까, 하라고 하니까' 하는 모습을 학교 현장에서 자주 마주칩니다.

학교에서 이루어지는 모든 수업과 활동 가운데 진로 교육이 아닌 것은 없습니다. 사실은 학교생활을 하는 하루하루 그 자체가 진로 교육입니다. 그런데 적지 않은 부모가 학교에서 이루어지는 활동이나 주어지는 과제가 시험 성적을 올리는 데 중요하지 않다고 생각하고 가볍게 여깁니다. 한 발 더 나아가 방해가 된다고 아이에게 '공부나 하라'며 활동을 차단해 버리기도 합니다. 매우 마음이 아픕니다.

진로 교육의 핵심은
일상생활 속 경험을 소중히 여기는 마음

온갖 경험을 하다 보면, 아이가 눈에 띄는 행동을 할 때가 있습니다. 강하게 반응하거나, 계속 무언가를 하고 싶어 하거나, 몰입하는 때가 있습니다. 그런 모습이 보일 때 아이와 이야기를 나누어 아이가 더 배우고 싶다고 하면 특별 프로그램을 마련해 줍니다. 조금 더 깊고 넓게 겪어 보는 기회를 마련해 주는 것이지요. 방학과 주말을 활용해도 좋습니다.

다만 시작할 때 두 달이든, 한 해든, 배우는 기간을 미리 정합니다. 끝나는 시기가 다가오면 아이의 판단을 중심에 놓고 부모님이 거드는 수준에서 아이 스스로 결정하게 합니다. 한번 시작할 때 몇 년씩 해야 한다고 강요하면 다양한 체험을 해 볼 기회를 빼앗는 실수를 할 수 있기 때문입니다. 그러면 아이는 죄책감으로 움츠러들어 새로운 시도를 하고 싶어도 머뭇거리게 됩니다.

이때 주의할 점은, 아이가 실수를 두려워하게 만들어서는 안 된다는 점입니다. 헛된 고생은 없습니다. 아이들은 온갖 체험을 하며 다양한 성공과 실패를 겪는 과정을 거칩니다. 바로 이 성공과 실패를 겪으면서 깨닫는 것, 그것이 진로 교육의 핵심입니다. 도전과 실패를 되풀이해 겪어 보면 아이에게서 슬그머니 올라오는 게 있습니다. 자꾸 끌리고, 하고 싶고, 눈에 아른거리고, 그것만 하면 시간이 휘리릭 지나가는 것, 더 자세하게 알아보고 싶은 것.

이런 마음은 그냥 생기는 게 아닙니다. 미처 자기도 모르던 재능과 관심이 체험하는 과정에서 눈을 뜹니다. 갖가지 체험이 필요한 까닭입니다. 아이나 부모 모두 이것을 놓치지 않으면 좋겠습니다. 진정한 진로 교육은 특별한 무언가를 잇따라 배우는 게 아닙니다. 학교 교육과정을 알차게 따라가며 다양한 경험을 하는 게 진정한 진로 교육입니다. 일상생활에서 사람들과 만나고, 온갖 체험을 하는 경험을 소중히 여기면 됩니다. 그러다 발견하는 적성과 재능이 아이의 진로가 되고, 두려움 없이 새로운 영역에 도전하는 힘이 됩니다. 아이에게 우연히 다가오는 것들을 놓치지 않길 바랍니다. 사실은 우연을 가장한 필연이지만요.

학년 말 마무리는
새로운 시작의 준비

한 학년이 끝나 가는 학년 말이 다가오면 이 시간을 어떻게 보내야 할지 생각하게 됩니다. 교육과정은 거의 끝나 가고 아이들이나 교사도 서로를 잘 알아 교실 흐름도 익숙하고 편안합니다. 3월 초와 견주어 보면 긴장감은 사라졌고 뭔지 모르게 산만한 듯 흩어져 보입니다.

부모들은 이 시기를 어떻게 하면 효율적으로 보낼지 고민하기도 합니다. 어수선한 때 차라리 체험학습 계획서를 내고 해외여행이나 어학연수를 가는 게 좋겠다고 여기고 실제로 실행에 옮기는 분들도 적지 않습니다. 학년 말이면 해마다 한 학급에 몇 명씩 이런 목적으로 학교에 체험학습 계획서를 내고 학교에 오지 않습니다. 학교에 오더라도 이 시기는 별 의미 없는, 있으나 마나 한 시간이라는 마음으로 오는 아이들도 눈에 띕니다.

아이 마음인지 부모 마음인지는 모르겠지만 '다 끝났잖아' 하는 기운이 느껴집니다. 입시를 마무리한 고등학교 3학년 교실에서나 보이는 모습이 중등을 넘어 초등으로 내려왔다는 생각이 들어 교사로서 마음이 쓸쓸합니다.

맺어야 할 것은 맺고
풀어야 할 것은 풀고

모든 일은 시작이 있으면 끝이 있습니다. 그리고 끝은 늘 또 다른 시작과 이어져 있습니다.

땀을 뻘뻘 흘리며 산길을 걸어 올라가 꼭대기에 섭니다. 그럼 여기서 끝인가요? 이제부터는 올라올 때와 다른 길을 걸어야 합니다. 내려가는 길입니다. 올라갈 때보다는 조금 여유 있게 산길을 내려오다 보면 산이 다르게 다가옵니다. '지금 눈에 들어오는 산이 내가 올라온 그 산이 맞아?' 하는 생각이 들 정도로 다르게 보이고 안 보이던 것이 눈에 들어옵니다. 몸과 마음에서 새로운 기운이 스멀스멀 올라옵니다.

어떤 과제나 일을 하는 것도 마찬가지입니다. 난이도 5 정도의 일을 마치고 잠깐 숨을 고릅니다. 숨을 고르며 여유롭게 지내는 그 시기에 주변이 조금씩 달라 보이는 경험을 해 본 적 있는지요? 3월 초 신학기 때와 학년 말을 견주어 이야기하다 보면 아이들은 담임선생님과 같은 반 친구들에 대한 느낌이 많이 달라졌다고 말합니다. 바로 이 '다르게 다가오는 그 무엇'을 조금 더 깊이 되새겨 보는 시기가 학년 말입니다.

다르게 보인다는 것은 익숙해진 것만을 뜻하지는 않습니다. 바로 나 자신이 달라졌다는 것을 뜻해요. 달라짐은 변화이고 성장입니다. 바라보는 시각과 해석하는 힘이 달라집니다. 눈여겨보지 않던 것, 스쳐 지나가던 것이 눈에 들어오고 가슴에 머물고 깊이 들어온다는 걸 말합니다. 그렇기 때문에 이 시기에는 바로 나와 너, 그리고 선생님이 왜 익숙하고 달라져 보이는지, 나와 우리는 어떻게 바뀌어 왔고 달라진 것은 무엇인지 충분히 느껴야 합니다. 친구들 그리고 선생님과 맺어야 할 것은 맺고 풀어야 할 것은 풀어내는 일을 해야 합니다.

학년 말이 되면 의미 없이 그대로 끝인 듯하지만 아닙니다. 지난 3월 첫날을 떠올려 보세요. 담임이 누구인지, 같은 반 아이들은 누구일지 설렘과 긴장, 그리고 두려움과 걱정을 안고 시작한 그 순간을 말입니다. 지난 한 해는 그냥 의미 없이 흘러가지 않았습니다.

한 해 동안 집, 교실, 학교 그리고 우리 사회와 세계에서는 이루 헤아릴 수 없이 많은 일이 일어났습니다. 그것이 곧 역사입니다. 그 역사는 싫든 좋든 내 안으로 들어와 나의 일부가 됩니다. 그런 나와 우리 주변에서 일어난 갖가지 일, 내 가슴에 들어와 머문 일이나 사건이 가진 의미와 뜻을 되새기며 나를 다듬는 시기가 바로 학년 말입니다.

끝을 잘 맺으면 그 힘으로
새롭게 시작할 수 있다

한 해 동안 갖가지 일을 겪으며 지냅니다. 학년 말이 되면 아이는 낯설고 두렵던 것도 이제는 익숙해집니다. 변화하고 성장했기 때문입니다. 다음 학년이 기다려집니다. 다시 또 설렙니다. 낯설고 두렵지만 또 다른 새로운 것을 만나고 싶기 때문입니다. 지난 한 해는 난이도 5 정도의 일을 겪으며 지냈다면 이제 곧 내게 다가오는 만남과 경험은 조금 더 어려울 것입니다. 6이나 7 정도의 일이 눈에 들어오기 시작합니다.

늘 해 오던 일이나 만남은 이제 시시합니다. 한 해 전에는 보이지 않던 일이나 낯설고 두렵게만 느껴지던 분야, 나와 상관없어 보이던 분야가 눈에 들어오고 자꾸 떠오릅니다. 5를 끝내면 6, 7, 8이 보이게 됩니다. 그렇게 계속하다 보면 어느 순간에 생각지도 못했던 100이라는 일이 눈에 들어올 것입니다. 사람과 만나는 일도 마찬가지입니다. 어떤 사람을 만나 지내다 보면 그다음에는 다른 친구가 눈에 들어오고 마음이 끌립니다. 그러다가 어느 날 내가 생각하지도 못했던 인연을 만나게 됩니다. 이처럼 끝은 늘 시작과 이어져 있습니다.

학교를 조금 더 살펴보겠습니다. 교육 현장에서는 '전환기'라고 일컫는 시기가 있습니다. 바로 학년 말입니다. 유치원을 마무리하고 초등학교에 갑니다. 이때는 초등학교 1학년 준비보다는 유치원 생활을 마무리하는 게 우선이고 더 중요합니다. 친구들이나 선생님과 그동안 있었던 일을 이야기하기도 하고, 다양한 활동도 해보고, 마무리 인사도 나눕니다. 그렇게 유치원을 떠나기 앞서 지난 시간을 되돌아보고 서로 고마워하고 아쉬워하는 시간을 충분히 누려야만 초등학교 1학년을 가뿐히 시작하고, 6년 내내 밝고 힘차게 지낼 수 있습니다.

초등학교 1학년부터 6학년까지 모든 학년에서 학년 말이 소중하지만 특히 6학년 학년 말은 매우 소중합니다. 6년 동안의 시간을 되돌아보고 해석하고 그 의미를 되새기는 다양한 활동을 하면서 중학교에 갈 준비를 하는 시기이기 때문입니다. 이런 활동을 하며 얻은 힘으로 아이들은 중고등학교에 가서 그 어렵다는 사춘기를 넘어갈 수 있습니다. 마찬가지로 모든 학년 말에 아이들은 한 해 동안 있었던 여러 일들을 되돌아보며 마무리하는 시간을 가져야 합니다. 마무리를 알차게 한 아이들은 새로운 만남과 과제가 다가와도 두려워하지 않고 즐겁게 마주합니다. 새로운 하루하루를 맞이할 마음의 준비, 심리적 환경이 갖추어졌기 때문이지요.

학년 말에는 보통 때 교육과정에서 하지 못했던 갖가지 활동을 할 수 있습니다. 주로 책상 앞에 앉아서 지내기만 했던 교실에서 군것질거리를 앞에 두고 엎드리거나 누워서 영화를 보기도 하고, 헤어짐을 앞두고 거리감이 느껴지던 친구나 또는 서운한 감정이 있던 친구와 수다를 떨며 마음을 열기도 합니다. 이 밖에도 여러 가지 마무리 행사를 해요. 한 해 동안 지내면서 즐겁고, 아프고, 미안한 것들을 서로 알게 모르게 표현합니다. 학년 말은 이런 과정을 거치며 '마침표를 찍는' 시간입니다. 마침표를 찍을 때 우리 아이들의 내면에서 힘이 올라옵니다. 학년 초나 학기 중에는 절대로 전할 수 없는 힘을 주고받는 때입니다.

학년 말에 부모가 챙겨야 할 게 있습니다. 아이가 알차게 마무리할 수 있게 북돋워 주는 일입니다. 선생님이나 친구들과 지지고 볶으며 지낸 시간이 가진 의미를 잘 찾아서 마음속에 간직하게 해야 합니다. 이 시간을 잘 보내야 자기 삶의 주인으로 우뚝 설 큰 힘을 갖게 될 것입니다. 부모가 학년 말을 소홀히 여긴다면 아이들은 몸과 마음이 풀어진 채 어두운 기운을 느끼며 그 시간을 보내게 됩니다. 같은 시간 같은 공간에서 지내지만 누구는 어둠을, 누구는 밝음을 빨아들이는 까닭입니다.

끝을 잘 맺으면 그 힘으로 새롭게 시작할 수 있습니다. 학년 말이 되면 한 해를 보낸 친구들과 선생님과 맺을 건 맺고 풀어야 할 건 풀도록 도와주어야 합니다. 그래야 아이들이 마지막까지 곁에 있는 사람을 소중히 여기는 마음을 갖습니다. 지난 시간에서 좋은 낱말과 의미와 가치를 길어 올려야 내일 새로운 해가 떠오릅니다.

전학 준비는 아이와 함께

교실 문밖에 누가 와 있습니다.

"선생님! 전학생인가 봐요!"

궁금한 걸 못 참는 종오가 뒷문을 열고 밖을 내다보더니 소리를 지릅니다. 수업 분위기 다 깨면서 말입니다.

"남자애야. 이제 우리 반 남자 여자 열두 명씩 딱 맞네."

"어디?"

아이들이 난리가 났습니다. 전학생이 올 때마다 우리 반 아이들은 이렇게 소란을 피웁니다. 슬쩍 그런 분위기를 조장한 담임이 그 배후 세력입니다.

좀 떠들썩하게 맞이하고 반 아이들이 밝은 얼굴로 관심과 눈길을 주며 쉬는 시간에 다가와 말도 걸고 이것저것 챙겨 주는 게 전학 온 아이 처지에서는 훨씬 편안합니다. 수업 계획을 바꾸어 운동장에 나가 전학 온 아이를 환영하는 놀이를 한바탕합니다. 그게 마땅치 않으면 교실에서 몸 부닥치며 친해질 수 있는 놀이판을 벌이기도 합니다. 전학 온 아이 얼굴이 환해집니다.

전학은
새롭게 출발하는 기회

전학은 새로운 공간에서 새로운 사람들과 새로운 시간을 맞이하는 것입니다. 누구나 지나온 시간에는 아쉬움이 있습니다. 전학이야말로 그 아쉬움을 털어 내고 내가 꿈꾸고 바라는 모습으로 살아가는 전환점으로 삼을 수 있는 기회입니다. 아이 삶에 긍정적인 변화를 줄 수 있는 순간으로 만들 기회입니다. 어른들이 새 직장에 들어갈 때 새 삶을 꿈꾸는 것과 같은 이치입니다. 어쩌면 아이들에게 학교는 어른들에게 직장보다 더 큰 의미를 가집니다. 이곳에서 친구들과 즐겁게 어울리며 멋진 모습으로 성장하고 싶은 간절한 바람이 있기 때문입니다.

전학 오기 전 다니던 학교는 익숙한 세상입니다. 친구들과 선생님과 학교 구조 그리고 오가는 길과 주변 환경, 이 모든 게 익숙합니다. 봄, 여름, 가을, 겨울 계절마다 어떤 변화가 일어나고 아이들과 무엇을 하며 놀아야 하는지도 압니다. 친구들과 놀 때, 군것질할 때 어디가 좋은지 다 알고 있습니다. 하지만 전학을 오면 이 모든 것을 새롭게 알아 가야 합니다. 설레면서도 긴장되고 두려워서 내 마음을 알아주고 서로 친하게 지내던 예전 학교 친구들 생각에 눈물이 나기도 합니다.

부모는 아이가 다니는 새로운 학교생활이 궁금합니다.

"괴롭히는 아이들 없어?"

"오늘 즐겁게 지냈어?"

"선생님이 좀 챙겨 주셔?"

"아이들이랑 이야기 좀 나누어 봤어?"

"교실 바로 찾았어?"

이 모든 질문을 한 마디로 줄이면 '나 지금 불안해'입니다. 불안은 속으로 감추어야지 겉으로 드러내 아이에게 표현하면 안 됩니다. 든든하게 믿고, 맛있는 음식 해 주고, 주말이면 바람도 쐬러 나가는 정도에서 멈추는 게 좋습니다.

이렇게 하는 목적은 아이에게 믿음을 주고 아이 마음에 힘을 공급해 주는 것입니다. '전학 와서 힘들지? 널 응원한다'는 신호를 아이에게 말없이 보내 줍니다. 그리고 전학을 사람과 어울려 사는 근육을 키우는 기회, 낯선 환경에 적응하는 힘을 기르는 기회로 삼아야 합니다.

아이를 믿고 응원하면서도 무언가 마음 쓰이거나 걱정스러운 점이 보이면 담임과 상담을 합니다. 다만 적응에는 시간이 필요하다는 걸 잊지 마세요. 시간이 흐르면서 아이 안과 밖에서 많은 게 스르르 풀릴 것입니다. 적응에는 기다림과 인내가 필요한 까닭입니다.

부모와 아이의 걱정을
미리 덜어 내려면

6학년 아이를 둔 어머니와 전학 문제로 상담을 했습니다.

"전학을 가야 하나 말아야 하나 고민하고 있어요. 유치원도 여기서 다녔으니까 십 년 넘게 이곳에서 살았는데, 아이 친구들과 헤어지는 게 가장 마음에 걸리네요."

"아이는 뭐라고 해요?"

"아직 아이와 이야기해 보지는 않았어요. 확실하게 결정된 게 없어서요."

"이사할 때 들어가는 비용이나 집값은 해결이 되는데 아이 때문에 걱정되는 게 많으신가 보네요."

"돈 문제는 해결할 수 있어요. 처음에는 여기가 집값이 싸서 자리를 잡았는데, 지금은 저도 아이 아빠도 모두 직장이 너무 멀어요. 왕복 세 시간이 걸려서 아이들과 같이 지낼 시간이 모자라네요. 너무 지치고 힘도 들고요. 교통비도 적지 않아요."

문제는 아이 걱정이었습니다.

"6학년 2학기라 졸업도 신경 쓰이고 사춘기인데 중학교 가서도 잘 적응할지 그게 가장 걱정입니다."

부모의 걱정은 옳고 타당합니다. 이처럼 이사는 해야 하지만 아이의 교육 문제 때문에 걱정하는 부모들이 많습니다. 전학한 뒤에 적응을 잘 하는 아이들도 있지만 그러지 못해 고생하는 아이들이 적지 않다는 걸 알기 때문입니다. 정도의 차이는 있지만 거의 모든 아이들에게 전학은 두렵고 힘든 일입니다. 여러 사례를 살피면서 이사를 가야만 할 때 어떻게 하면 아이가 덜 힘들고, 성장에 보탬이 될 수 있는지, 더 나아가 삶의 전환점이 될 수 있을지 나름대로 깨우친 방법을 어머니에게 이야기했습니다.

"가장 중요한 원칙이 있는데요. 그건 이사와 관련된 모든 사정을 아이와 공유하는 겁니다. 아이에게 해가 되지 않는 선에서 이사를 해야 하는 사정, 이사를 하고 싶은 까닭을 이야기하면 좋겠습니다. 비용 문제, 주거 환경, 전학한 뒤 적응 문제, 중고등학교 진학 같은 문제를 모두 이야기 나누고 아이 의견을 묻는 과정을 거쳐야 합니다."

"아이에게 너무 어려운 건 아닐까요?"

"아이도 나름대로 이해하고 받아들이는 게 있다고 봅니다. 심각하게 마주 보고 앉아서 하기보다는 분위기 좋은 길을 걸으며 이야기하면 도움이 될 겁니다. 경치 좋은 길을 따라 드라이브하는 것도 좋고요. 한번에 다 하기보다 여러 번 나누어서 이야기하면 더욱 효과가 좋다고 봐요. 그러기 위해서는 서너 달 정도 여유를 갖고 아이와 충분히 이야기하면 아이도 생각할 시간을 가져서 도움이 될 거라고 봅니다."

덧붙여서 몇 가지 더 말씀드렸습니다.

"충분히 이야기 나누었다는 느낌이 들면 이제부터는 몸으로 움직이면서 현장을 다녀 보세요. 말로만 하는 것이 아니라 아이와 같이 집값을 알아보기도 하고, 알맞은 날을 정해 부모가 출퇴근할 때 이용하는 교통수단으로 움직이면서 부모가 겪는 어려움을 몸으로 겪어 보게 하세요. 이사 가려고 하는 지역을 아이와 같이 둘러보고 이사 간다면 다닐 학교까지도 살펴봅니다. 인터넷에 다 나오니까 쉽게 찾아볼 수 있어요. 그런데 인터넷으로만 끝내지 말고 꼭 현장을 가 보세요. 그것도 몇 차례 해야 합니다. 이럴 때마다 꼭 아이가 좋아하는 맛있는 음식을 드세요. 군것질도 하고요. 이사 가려는 지역에 맛집을 돌아다니다 보면 그 동네와 학교가 더 가깝게 느껴지고 아이의 두려움을 덜어 내는 데 도움이 될 겁니다."

어머니 얼굴이 밝아지는 게 느껴집니다.

"이사하고 학교에 적응하는 것 이상으로 중요한 선물이 있어요. 그건 바로 부모와 아이 사이에 소통하는 힘이 생긴다는 겁니다. 부모와 아이 모두에게 변화가 일어날 거라고 봐요. 또 한 가지 중요한 것이 있는데요, 그건 바로 부모가 아이를 가족의 구성원으로 인정하고 존중한다는 걸 아이가 느낄 겁니다. 사춘기를 넘어가는 데 전환점이 될 수도 있다고 봅니다. 이사가 오히려 복이 되는 거지요."

마지막으로 결론 삼아 말씀드렸습니다.

"쉽지는 않은데요. 이 과정에서 아이에게 설명하기보다는 아이가 더 많이 이야기하도록, 자기 생각을 말하도록 해야 합니다. 그리고 꼭 아이 뜻을 이사 과정에서 반영해야 합니다. 그래야 다음에 또 다른 일이 생겼을 때도 부모에게 생각을 나누려고 할 거니까요."

이사를 다하고 난 뒤 어머니로부터 이야기를 전해 들었습니다. 결론부터 말하면 6학년 2학기 때 전학을 했습니다. 아이에게 부모가 이사하고 싶어 하는 까닭을 말했고 이사 갈 곳으로 현장 답사도 여러 번 한 다음 이사하기로 마음먹었다고 해요. 어머니는 이때 아이가 한 말이 마음에 남는다고 했습니다.

"엄마 아빠 출퇴근길이 이렇게 멀고 힘든지 몰랐어요. 전학 가는 게 좀 아쉽지만 저도 어려움을 견딜게요."

전학으로 겪어야 하는 어려움을 감수하고라도 전학을 가야만 하는 까닭을 아이가 온몸으로 확인했기 때문에 나올 수 있는 말입니다. 이사가 식구들이 서로의 삶과 생각을 이해하고 조금 더 깊이 알아 가는 기회가 되었습니다.

그 뒤로 어머니는 아이의 담임과 전학 관련 상담을 했고, 담임은 아이를 위해 전학 기념 잔치를 벌여 주고 친구들과 헤어지는 기념으로 롤링 페이퍼를 써서 선물로 주었다고 해요. 놀라운 사실은 아이가 친구들과 기획해서 헤어지기 전에 파자마 파티를 하고 놀이동산에도 놀러 간 것입니다. 그것도 여러 번이나 했답니다. 이사를 가더라도 이사 간 집으로 초대하겠다고 약속했답니다.

이사와 전학은 아이에게 큰 영향을 줍니다. 전학 때문에 일어나는 심리적 어려움, 새롭게 친구를 사귀는 일 들을 고스란히 아이가 떠안고 견뎌 내야 합니다. 아이의 의견을 적극 반영하면서 이사를 할 때 아이는 새로운 학교에서 좀 더 쉽게 적응합니다. 아이 삶에 밝은 영향을 주는 전환점이 될 수도 있습니다.

이제 이사만이 아니라 집안 식구들 모두에게 영향을 주는 일에도 아이 의견을 묻고 존중하는 문화를 만들어 가면 좋겠습니다. 같은 일을 놓고도 저마다 생각과 느낌에 차이가 있다는 걸 인정하고 존중하면서 문제를 풀어 가는 문화를 만들면 어떨까요. 그럴 때 아이들은 부모로부터 존중받는다고 느끼고 삶의 주체로 서게 됩니다. 온 식구들에게 좋은 결과를 가져오려면 어떤 선택을 해야 하는지 함께 노력할 수 있는 바탕이 마련됩니다.

밥에는
마음을 움직이는 힘이 있다

아이가 다른 학교로 전학 가거나 우리 반으로 전학 오면 부모에게 꼭 부탁하는 게 있습니다. 그때부터 한두 주 정도 '전학 특별 응원 기간'으로 정해 아이가 좋아하는 음식을 챙겨 주도록 합니다. 어떤 음식을 먹고 싶은지 아이에게 물어보거나, 아이가 좋아하는 음식 가운데 아이가 고르게 하는 방법도 있다고 알려드립니다.

부모와 아이 모두 낯선 학교에 전학 와 마음 쓰이는 게 한두 가지가 아닙니다. 이런 상황에서 담임이 '전학 특별 응원 기간'을 정해 맛있는 음식을 해 주라고 말했다는 사실만으로도 부모와 아이는 큰 힘을 받습니다. 담임이 낯선 곳에 전학 와 긴장하는 아이의 처지를 이해하고 마음 쓰고 있다는 걸 확인하는 계기가 됩니다. 부모와 담임 사이에 믿음이 생기고 말문이 트이기 시작합니다. 든든하고 믿을 만한 언덕이 생겼습니다.

담임의 이런 마음이 전해졌기 때문입니다.

'전학 와서 긴장되고 힘들지?'

'친구들과 잘 어울리고 교실 분위기를 잘 따라가도록 살피고 도와줄게.'

'날 믿어!'

전학 온 날 저녁, 새로 만난 선생님과 친구들 이야기를 나누며 온 식구들이 모여 맛있게 밥 먹는 장면을 상상해 봅니다. 그 밥상에서 아이가 어떤 기운을 받을지 생각해 보세요.

추운 날에는 아이에게 불쑥 전화해 이런 이야기를 주고받는 것도 도움이 됩니다.

"날씨가 춥지?"

"너무 추워서 입이 어는 거 같아요. 왜 전화했어요?"

"춥지? 뭐 먹을까? 뜨끈한 국물? 아니면 돼지갈비?"

아이 마음이 훈훈해지며 힘이 솟아나고 추위가 누그러듭니다.

입학식, 졸업식, 합격, 불합격처럼 굵직굵직한 일이 있을 때마다 우리는 밥 먹는 자리를 만듭니다. 마음 아픈 일이 있을 때도 기쁜 일이 있을 때도 뜻 맞는 사람들과 모여 밥을 먹습니다. 담임과 상담한 날은 이렇게 해 보면 좋겠습니다.

"오늘 뭐 먹을까? 맛있는 거 먹자."

"왜요? 무슨 날이에요?"

"특별한 날이지. 담임선생님과 상담한 날."

"선생님이 뭐라고 하세요?"

"집에 가서 이야기해 줄게. 상담하고 나오는데 기분이 아주 좋아. 이야기해 봐. 뭐 먹을래?"

아이는 부모가 담임을 만나면 분명히 자기 이야기를 나눌 거라는 걸 압니다. 그러니 어떤 말이 오가는지 신경 쓰이는 건 당연합니다. 선생님이 자기에 대해 어떤 말을 했을지도 궁금합니다. 안좋은 말이 오갈 수도, 좋은 말이 오갈 수도 있습니다. 온갖 신경이 쓰이는 데 상담을 마치고 나온 엄마가 밝은 목소리로 맛있는 걸 먹자고 하니 좋은 기운이 생길 수밖에요. 맛있는 걸 먹으면서 선생님이 한 말 가운데 아이의 장점 한두 가지를 이야기합니다. 아이에게 밝은 힘을 주는 순간입니다. 아이는 그 힘으로 스스로를 가꾸며 살아갑니다.

4장

놀면서 하는
공부

우리 아이의 뻘짓

어느 해 여름방학, 8월 초 오후 2시 무렵이었습니다. 볼일이 있어 근무하는 학교에 들렀다 후문으로 나서는데 어찌나 무더운지 길에 사람들이 드물더라고요. 학교 후문 가까이 있는 동네 놀이터에서 초등학교 2학년으로 보이는 남자아이 셋이 미끄럼틀과 그네를 오가며 노는 게 보입니다. 놀이터 나무 그늘이 시원하겠다 싶어 잠깐 그늘진 벤치에 앉았습니다. 날이 더워 그런지 아이들 몸짓이 늘어져 보입니다.

그때였습니다. 세 아이 가운데 한 명이 나무토막을 집어 들더니 땅을 팝니다. 두 명은 관심 없다는 듯 한 명은 그네에 걸터앉고 다른 한 명은 밀어 주고, 다시 역할을 바꿔 가며 놀아요. 그렇게 몇 번 역할을 바꾸어 가며 놀더니 땅을 파는 아이에게 다가가 물끄러미 내려다봅니다. 땅 파던 아이가 다른 두 아이에게 말을 겁니다.

"같이 파자."

"좋아. 여기다 연못을 만드는 거다."

말 떨어지기 무섭게 둘은 놀이터 구석을 뒤지더니 나무토막을 더 가져와 더 넓고 깊게 파기 시작했습니다. 그때 나무토막이 부러졌습니다.

"에이, 이게 뭐야."

허리가 아픈지 몸을 일으켜 그동안 판 구덩이를 내려다보는데 얼굴에서 땀이 줄줄 흘러내립니다.

"나랑 저쪽 가서 찾아보자."

"어디?"

"저기."

아이가 가리킨 데는 학원과 교회가 있는 4층 건물 뒤 창고처럼 이런저런 것을 쌓아 놓은 곳이었습니다. 아이들이 철근 토막을 들고 뛰어오는데 온몸에 생기가 돕니다. 철근으로 땅을 파니 나무토막과 달리 잘 파집니다. 아이들 등 위로 8월 한낮의 뜨거운 햇볕이 쏟아집니다.

이번엔 맨 처음에 땅을 파던 아이가 갑자기 어디론가 뛰어가더니 페트병 두 개에다 물을 담아 신난 표정으로 들고 옵니다. 셋은 구덩이에 담아 온 물을 붓고 정신없이 노는데 윗도리는 땀에 흠뻑 젖었습니다. 또다시 물을 떠 와 서로의 머리에 들이부으며 깔깔거리고 웃어요. 옷은 엉망진창이 되었지요.

그렇게 한 시간 가까이 놀더니 갑자기 어디론가 가 버렸습니다. 미련도 없이.

뻘짓만이 줄 수 있는
즐거움과 행복

그늘에 앉아 있는 나도 숨 쉬기 힘들 정도로 무더운데 구태여 저기를 왜 팠을까요? 누가 내준 과제도 아니고 자칫하면 더위 먹고 병날 정도로 더운데 땅을 파다니. 누가 돈을 주는 것도 아니고 살아가는 데 보탬이라고는 눈곱만큼도 될 게 없는 그야말로 쓸데없는 짓을 한 것입니다. 이런 걸 전라도 말로 '뻘짓'이라고 합니다. 헛짓거리한 셈입니다.

제 어린 시절을 돌아보면, 이런 뻘짓을 참 많이 했어요. 학교에서 집으로 돌아오는 길에 심심하거나 속상한 일이 있으면 3킬로미터 정도 되는 거리를, 나무 막대기를 들고 벽을 긁으며 갔습니다. 어떤 때는 손톱을 벽에다 대고 문지르며 걷거나, 발을 흙에 안 디디고 돌만 밟고 가겠다고 겅중겅중 걷다가 발목을 삐끗하기도 했습니다. 비 오는 날에는 물웅덩이가 있으면 신을 벗고 맨발로 물장난을 쳤습니다. 풀밭에 가만히 앉아서 멍하니 하늘을 바라보기도 했고요.

이 모든 뻘짓의 공통점은 쓸데가 없다는 것이고, 누가 시키지도 않으며, 오히려 쓸데없는 짓을 하지 말라고 혼나기도 합니다. 그런데도 합니다. 더운 날 뙤약볕 아래에서 땅 파고 물 부으며 노는 아이들은 더운지도 모르고 그 일에 빨려들어 갔고, 얼굴에는 그 어떤 것으로도 대신할 수 없는 즐거움, 만족, 행복이 가득했습니다.

누가 옆에 있든 말든 눈길 한 번 주지 않고 몰입한 것입니다.

　놀이터가 있고, 놀이터 마당에는 흙 놀이를 할 수 있는 곳이 마련되어 있습니다. 여름방학이라 시간이 되고, 마음 맞는 친구가 곁에 있습니다. 바로 이렇게 조건이 갖추어졌을 때 느닷없이 아이들 마음속에서부터 땅을 파고 놀자는 생각이 솟구쳐 올랐을 것입니다. 그야말로 안과 밖이 어우러져 아이들이 뻘짓을 하게 만들었습니다. 아이들은 아주아주 만족스럽게 무언가를 실컷 했다는 느낌을 갖고 집으로 돌아갔습니다.

　어른들은 어떤 뻘짓을 할까요? 뭐가 있을까 생각해 보니, 제가 어느 날 문득 학교에서부터 집까지 두 시간 반 동안 걸어서 간 적이 있었습니다. 왜 갑자기 그러냐고 식구들이 모두 당황해했습니다. 그렇게 걷다가 갑자기 노래방에 들어가 고래고래 노래 부르고 나온 적도 몇 번 있습니다.

　가수이자 작곡도 하는 어떤 분은 고등학생일 때 기타에 빠져들었는데, 아버지가 기타를 부수고 뜯어 말려도 아버지 눈에는 뻘짓인 기타 연주와 노래를 계속했습니다. 이것처럼 아무도 알아주지 않지만 자기가 좋아하는 음악을 평생 하고, 좋아하는 그림을 평생 그린 사람들도 헤아릴 수 없이 많습니다.

　지금도 어른들 가운데 살림살이에 보탬이 되지 않고 대우도 받지 못하는 일에 빠져들어 사는 분들이 많아요. 그 또한 뻘짓입니다. 안 하고는 못 견디는 일, 일단 하면 시간 가는 줄 모르는 일, 돈도 안 되고 명예도 없는 그런 일을 하는 사람들이 넘쳐 납니다.

뻘짓은 새로운 나와
세상을 발견하는 출발점

뻘짓에 대해 아이와 부모의 입장이 다릅니다. 아이 입장에서는 무언가가 '그냥' 너무 하고 싶었던 것뿐입니다. 하지만 부모가 보기에는 무의미해 보입니다. 아이의 행동이 논리적으로 설명이 안 되기 때문입니다. 아이들은 땅을 파고, 벽을 긁고, 흙탕물을 튀깁니다. 왜 그랬냐고 물어보면 이렇게 대답합니다. "그냥."

아이가 하는 '그냥'이라는 대답을 그야말로 '그냥 놓치면' 안 됩니다. '그냥'이라는 말의 의미를 넓고 깊게 해석하는 것이 부모와 교사의 역할이라고 생각합니다. 우리 아이가 뻘짓을 하게 만든 힘은 다른 누구도 아닌 아이 마음속에서 저절로 생겨난 것입니다.

'아이 안에서 저절로 솟아난 기운'은 습관적으로 살던 하루하루에 변화를 줍니다. 세상과 나 자신을 새롭게 발견하고 마음과 몸으로 깊이 받아들이도록 도와줍니다. 아이의 또 다른 모습을 발견하게 하는 중요한 계기가 될 수도 있습니다.

아이의 뻘짓을 가볍게 넘기지 말고 눈여겨보면 좋겠습니다. "너 그 쓸데없는 짓 왜 했니?" 하고 묻는 말에 "그냥"이라고 대답하거든 "그냥"이라는 말이 품은 뜻을 파고들어 여러 각도로 해석해 보면 좋겠습니다. 어쩌면 아이의 뻘짓은 어른인 우리가 아이를 이해하는 중요한 단서가 될 수 있기 때문입니다.

그냥 좋아서
마음 가는 대로 하는 공부

목도리 두르고 장갑 끼고 퇴근길에 나섰습니다. 날이 우중충하게 흐린데다 해가 지고 나니 더 추워져 몸도 마음도 움츠러듭니다. 우리 학교 아이들이 사는 아파트 단지 안 길을 따라 걷는데 저기 인도 한가운데 아이 셋이 배를 깔고 엎드려 놀고 있는 게 보여요. '아니, 이 추운 날 저기서 뭐 하는 거야?' 하고 가까이 가 살펴보니 가운데 있는 아이가 핸드폰 게임을 하는데 나머지 두 녀석은 목을 길게 빼고 빠져들어 있습니다.

"저거 저거 잡으라고."

"알았다니까. 이거 말이지."

"에이 늦었잖아. 이번엔 내 차례다."

"알았다고. 여기, 대신 시간 지켜!"

추울 텐데 콘크리트 인도 위에 배를 깔고 핸드폰 게임에 빠졌습니다. 누가 바로 옆에서 보고 있어도 모릅니다. 걱정되기도 하고 웃기기도 하고 너무 예쁘고 뭉클한 장면입니다.

아이들이 노는 또 다른 모습입니다. 열대여섯 명쯤 되는 아이들이 학교에서 '무궁화꽃이 피었습니다'를 하고 있습니다. 술래가 "무궁화꽃이 피었습니다" 하고 외치는 동안에만 움직여야 하는데 술래가 고개를 돌리고 나서도 움직이는 아이가 보여요. 손가락으로 그 아이를 가리키고 이름을 부릅니다.

"나와라!"

"나? 아냐, 난 안 움직였어."

"내가 봤다. 나와."

"아니라니까. 정말이야."

저 녀석 봐라. 내가 봐도 움직인 게 확실한데 안 움직였다고 계속 우깁니다. 술래는 몇 번 말하고는 접습니다. 다른 아이들도 더 말하지 않고 넘어가 줍니다.

놀이란, 내가 그냥 좋아서
마음 가는 대로 어울려 노는 것

놀이라는 게 뭘까요? 어떤 게 정말 놀이일까 생각해 봅니다.

"내가"

남이 시켜서 하는 게 아닙니다. 부모나 교사가 시킨 게 아닙니다. 내가 스스로 하는 것입니다. 학교 제도나 법률로 정해 의무로 해야만 하는 게 아니란 뜻입니다. 추운 겨울날 인도에 배 깔고 핸드폰 게임하라고 시킨 사람은 아무도 없습니다. 그 장소를 고른 것도 아이들이고 수많은 게임 가운데 그 게임을 고른 것도 아이들입니다. 아이가 스스로 주체가 되어 하는 것입니다.

내가 좋아서 하는 거라 나를 밖으로 드러내는 것이고, 그렇게 놀다 보면 내가 살아 있다는 걸 느낍니다. 내가 잘하는지 못하는지, 재주가 있는지 없는지 깨닫습니다. 내가 자랑스러운 날이 있고 어느 때는 왠지 마음대로 안 되면서 초라하다고 느끼는 날도 있습니다. 좋고 싫은 마음 그리고 두려운 마음과 미운 마음도 느끼는 경험을 놀이에서 합니다.

"그냥"

'무궁화꽃이 피었습니다'를 왜 하냐고 물어보면 아이들 대부분은 '재미있어서' '좋아서'라고 합니다. 조금 더 파고들어 "다른 것도 많은데 왜 꼭 그 놀이야?" 하고 물으면 논리적으로 말하는 아이가 있을지 모르겠지만 대부분 "그냥"이라고 말합니다.

아이들은 느닷없이, 목적 없이, 계획 없이, 의도 없이, 숨겨 둔 계산 없이 그냥 놉니다. 이 놀이를 하면 몸이 건강해진다거나 돈을 벌 수 있어서 고통스럽고 어렵지만 참고 하는 게 아닙니다. 본능적으로 하고 싶은 마음이 불쑥 생겨나 하는 것입니다. 이럴 때 어른들은 이렇게 말합니다. "돈이 나와, 밥이 나와?"

"좋아서"

내가 그냥 '좋아서' 합니다. 마음이 끌리니까 자꾸 눈길이 가고, 안 하면 하고 싶고, 하면 시간 가는 줄 모르니까 합니다. 일단 시작만 하면 그 안으로 빨려들어 가면서 누가 옆에 와서 불러도 눈길조차 주지 않고 몰입합니다. 내 안에 있는 내가 하도록 자꾸 잡아당기는데, 이런 걸 '자발성'이라고 합니다. 왠지 그걸 하면 행복해지고 내 안에서 새로운 기운이 자꾸 올라와요. 힘들고 춥고 심지어 배가 고프고 욕을 먹어도 또 하고 싶어지는 것, 그게 바로 놀이입니다. 나를 자꾸 꼬드기는 것, 하지만 아마도 돈 주고 하라고 하면 안 하겠지요.

"마음 가는 대로"

내가 그냥 좋아서 '마음 가는 대로' 합니다. 자유롭게 얽매이지 않고 그야말로 마음결 흘러가는 대로 합니다. 어떤 때는 어른들이 놀이 방법을 '이렇게 하고 저렇게 하라'며 열심히 가르쳐 줍니다. 처음에는 귀담아듣고 그대로 하는 것 같아 보이지만 어느 순간 보면 아이들은 규칙대로 하지 않습니다. 아이들은 자기들 마음에 들게, 상황에 맞게 규칙을 바꾸어요. 변화를 줍니다. 함께하는 아이들 능력이 다를 수도 있고, 날씨에 따라, 기분에 따라, 지난번에 싸웠던 경험이 떠올라 거기에 맞게 바꿉니다. 바로 이런 걸 '창의성'이라고도 하고 '융통성'이라고도 합니다. 그러다 삐지면 한마디 합니다. "지들 맘대로야, 나 안 해!"

"어울려"

내가 그냥 좋아서 마음 가는 대로 '어울려' 놉니다. 혼자는 재미없습니다. 둘 또는 셋, 여럿이 어울려 놀아야 제맛이 납니다. 혼자 하면 그야말로 내 마음대로 할 수 있지만 노는 맛이 안 나기 때문에 혼자서는 안 놀아요. 여럿이 어울리며 생각과 말을 주고받고 그러다 다른 아이들 기분과 상황의 변화를 읽어 내 거기에 맞게 적당히 맞추어 줍니다. 협상도 합니다. 내 마음 가는 대로 고집부리다가 판이 깨진 경험을 몇 번 겪었기 때문입니다. 정도껏 해야지 내 욕심만 부리다간 쫓겨나게 됩니다. 아이들이 안 놀아 줘서 혼자서 다른 아이들이 노는 걸 보고만 있는 건 매우 힘든 일이라는 걸 다 압니다. 눈물이 나고 밥맛도 없다는 걸 알기 때문에 눈치껏 합니다.

나만 내세우면 그 결과가 어떤 건지 알기에 적당한 선에서 물러섭니다. 협상 안을 만들어 아이들을 중재하는 재주가 있는 아이가 몇 있습니다. 그런 아이들과 어울려 지내다 보면 상황을 읽고 상황에 맞게 판단하는 힘도 길러집니다. 이런 능력은 어른 간섭 없이 또래들끼리 어울려야만 길러지는 힘입니다. 인생을 살아가는 데 없어서는 안 되는 매우 중요한 힘이지요.

이렇게 어울리다 보면 내 안에서 새로운 기운이 생겨나는 걸 느낄 수 있습니다. 제대로 충분히 놀다 들어오는 아이 몸에는 새로운 기운이 가득합니다.

놀이는 나와 너를 느끼고 발견하게 해 줍니다. 어울리다 보면 내 안에서 살아 움직이는 나를 느낄 수 있습니다. 상황을 파악하고 거기에 맞게 판단하고 행동하며 그 결과에 책임지는 공부를 또래들 속에서 날것 그대로 합니다. 생각을 안 하면 생각 없는 놈이라고 욕먹으니 머리를 굴릴 수밖에 없습니다. 이 모든 걸 뭉뚱그려 사회성과 정서와 인지가 발달한다고 합니다. 놀아야 사람 구실한다는 말이 그래서 생긴 것이지요. 놀이는 아이들에게 밥이고 생명이라는 말도요.

봄 찾기 공부를 해야 한다고?

이런 말들을 많이 합니다.

"요즘은 눈 감았다 뜨면 봄이 사라진다니까! 겨울옷 벗지도 않았는데, 반팔 입게 생겼어!"

정말로 봄이 짧기만 할까요? 어른들은 먹고사느라, 바삐 일하느라 봄이 왔다 가는지도 모릅니다. 어른들은 그럴 수 있습니다만, 우리 아이들마저 그러면 안 됩니다. 봄은 그렇게 흘려보내기엔 너무나도 아까운 계절이기 때문입니다.

봄 찾기 공부가
중요한 까닭

우리 아이들이 살아가는 환경은 대부분 사람들이 만든 인위적인 환경입니다. 자연에서 멀리 떨어져 있지요. 주문만 하면 내 앞에 원하는 물건이 곧장 오고, 먹고 싶은 것도 금세 배달됩니다.

어릴 때부터 자주 쓰는 전깃불 버튼을 살펴보겠습니다. 버튼 하나만 누르면 집 전체를 환하게도 깜깜하게도 만들 수 있습니다. 날마다 버튼을 조작하며 '내가 자극을 주면 세상은 곧바로 달라진다'는 사고방식이 몸과 마음에 자연스럽게 스며듭니다. 그런 생각을 마음 깊은 곳에 심어 주는 환경에 둘러싸여 살아갑니다.

자연은 다릅니다. 씨앗을 뿌려 키우다 보면 깨닫는 게 있습니다. 적어도 일주일은 지나야 싹이 틉니다. 이런저런 사정으로 싹이 안 나오기도 하고, 나와도 날씨와 거름과 병충해 같은 온갖 사정으로 죽거나 열매를 맺지 못하기도 합니다. 토마토가 먹을 만큼 익으려면 여러 달, 사과나 배는 여러 해 기다려야 합니다.

사람과 관계 맺는 일은 또 어떤가요? 사람과 어울려 지내는 것도 자연법칙과 마찬가지로 기다림이 필요하고 내 뜻과는 다르게 흘러가기도 합니다. 농업 사회라면 우리 아이들은 식물과 동물이 자라나는 과정을 온몸으로 겪으며 이런 깨달음을 얻을 수 있겠지만 지금은 그러지 못합니다. 사람이 억지로 만들어 놓은 환경에 둘러싸여 살기 때문입니다.

매서운 겨울바람에 손과 볼이 시리고 몸이 움츠러들수록 따스한 계절인 봄이 그립습니다. 겨울을 시련, 고통, 인내, 간절함, 기다림의 계절이라고 하는 까닭입니다. 지금 이 추위가 얼른 끝나고 따스한 봄이 오면 좋겠다는 마음으로 하루하루 살아갑니다.

간절하게 봄을 기다리던 사람은 아주 작은 변화, 살짝 스치듯 보여 주는 봄의 기운도 놓치지 않고 온몸으로 느낍니다. 추위가 누그러지는 것만이 아니라 온갖 생명이 깨어나고 움직이는 걸 민감하고 예민하게 받아들이지요. 봄기운이 눈에 보이고 귀에 들리고 살갗에 와닿습니다. 봄 내음이 코로 들어옵니다. 갖가지 나물이 입맛을 돌게 합니다. 다섯 가지 감각이 꿈틀거리며 살아나더니 이제 마음에도 봄기운이 돕니다.

아직도 추운 겨울 같은데 봄기운을 느낀 아이들은 들뜬 목소리로 담임에게 말을 겁니다.

"싹이 났어요!"

"여기 민들레 꽃봉오리 좀 봐요."

"저기 저 산수유는 폈는데 이건 왜 가만히 있어요?"

"나비 좀 봐요. 나비가 나왔어요. 나비가 나왔다니까요."

"이건 무슨 꽃이에요?"

"어제 할아버지 댁에 갔더니 개구리가 울어요."

"새소리 너무 예뻐요. 저 새 이름이 뭐예요?"

"운동장에 나가서 놀아요. 오늘은 날씨가 좋잖아요."

땅속과 땅 위, 하늘 여기저기 생명이 있는 것은 모두 다 눈에 들어옵니다. 이 들뜬 기운과 설레는 마음이 아이들을 봄 속으로 깊이 빠져들게 합니다. 온갖 생명에게 일어나는 변화를 읽어 내고 마음으로 붙잡아 말과 글과 노래와 몸짓으로 표현하고 싶게 만듭니다. 봄 찾기 공부를 해야 하는 까닭입니다.

봄 찾기 공부도
부모와 손발이 맞아야

봄 찾기 공부에는 뭐가 있을까요? 많은 교사가 아이들과 하는 봄 찾기 공부를 예로 들겠습니다.

① 봄 오는 기운 느껴 보기

② 봄 찾아 사진 찍어 보기

③ 봄 찾아보고 글쓰기

④ 봄나물에 얽힌 어른들의 추억 이야기 들어 보기

⑤ 부모님, 할아버지, 할머니가 좋아하는 봄 노래 조사하고 노래에
   얽힌 이야기 듣기, 글쓰기

⑥ 봄나물 요리해 밥상 차리기(사진 찍기, 글쓰기)

이 과제를 아이들과 어떻게 해야 하는지 이야기하려면 끝도 없지만 한 가지만 예를 들어 볼게요. '부모님, 할아버지, 할머니가 좋아하는 봄 노래 조사하고 노래에 얽힌 이야기 듣기'를 과제로 내주었을 때입니다.

한 아이가 이 과제를 하려고 부모님과 함께 시골 할아버지 댁에 갔습니다. 부모님은 아이 모르게 미리 할아버지께 전화드려서 선생님이 내준 과제를 어떻게 해야 할지 의논했습니다. 할아버지는 냉이, 달래, 쑥이 많은 곳을 미리 알아 놓았지요. 집에 온 손주와

나물을 캐면서 할아버지가 어렸을 적 나물 캐며 겪었던 일, 할머니가 살아 계실 때 나물과 얽힌 여러 추억들을 많이 이야기해 주었습니다.

부모님은 아이가 나물을 다듬고 씻어서 요리도 하고 밥상을 차리도록 도와주었습니다. 이 과정을 사진으로도 남겼어요. 돌아가신 할머니가 나물 캐며 부르던 노래를 듣던 할아버지는 목이 메어 울고 끝내 온 식구들이 같이 눈물을 흘렸습니다. 엄마, 아빠가 좋아하는 봄 노래를 듣고 떠오르는 추억도 나누었습니다. 이 모든 이야기를 아이는 글로 썼어요.

이 아이는 할아버지와 나물 뜯은 그 시간을 기억하고 추억으로 가슴 깊은 곳에 간직합니다. 어른이 된 뒤에도 봄이 오면 이날 식구들과 함께한 경험이 수많은 이야기로 솟아오를 테지요. 아이 가슴에서 솟아오르는 이야기가 곧 이 아이만의 봄입니다. 사람은 누구나 자기만의 봄을 가지고 있고 이 아이는 남다른 봄 이야기를 만들었습니다. 이야기가 곧 아이의 삶입니다.

이 과제는 중요한 의미를 가집니다. 봄, 여름, 가을, 겨울이라는 계절을 더욱 관심 있게 보기 시작하는 계기가 됩니다. 먹을 것은 자연에서 얻고, 사람 목숨처럼 소중하다는 점을 깨닫습니다. 세대마다 좋아하는 노래가 다르고 노래에는 그 노래를 좋아하는 사람의 삶이 담겨 있다는 점도 깨닫습니다. 부모를 이해하는 기회가 됩니다. 할아버지 할머니의 삶을 이해하고 사랑을 느끼며, 지난 시간의 이야기가 곧 역사라는 것도 깨닫습니다. 이 모든 것이 봄 안에서 이루어집니다.

봄 찾기 공부에 빠져 즐겁게 놀다 보면 우리 아이들은 자기도 모르는 사이에 온몸으로 배우고 깨닫는 게 많습니다. 낱말 몇 개가 마음속으로 들어옵니다. 바로 '변화'와 '달라짐'입니다. 봄 찾기 공부를 하는 동안 세상은 변한다는 것, 한곳에 머물지 않고 흘러간다는 것을 알게 됩니다. 더 나아가, 사랑하는 사람도 시간이 흐르면 변하게 되고 헤어진다는 것도 깨닫게 됩니다. 가까이 있는 사람과 자연을 소중히 여기는 공부를 하기에 봄만큼 좋은 때가 또 있을까요?

몸으로 겪는 공부는 힘이 세다

저학년은 손발 놀려 몸으로 하는 공부를 많이 하고, 고학년으로 올라갈수록 문자와 그림, 기호처럼 추상화된 자료의 비율을 높여 나가야 합니다. 아이들 몸과 마음이 변하는 흐름에 맞기 때문입니다. 저학년은 한글과 수 공부도 일상생활에 쓰는 물건으로 손과 발을 움직이며 배웁니다. 다섯 가지 감각을 모두 쓰면서 온몸으로 놀듯이 배우는 공부가 매우 중요합니다. 이렇게 배운 공부는 시간이 갈수록 기하급수적으로 큰 영향을 주기 때문입니다.

숫자 1
배우기

숫자 1을 배우는 건 쉽습니다. 숫자 1을 보고 아이가 "일"이라고 읽고 쓰고, 물건 개수를 "하나" 또는 "한 개"라고 말하고 쓰면 다 배웠다고 생각할 수 있습니다. 과연 그럴까요?

사과를 가지고 오게 합니다. 딱 한 개.

"얘들아! 책상 위에 사과가 몇 개 있어?"

"한 개요."

"그럼 우리 칼로 사과를 쪼개 보자."

낑낑거리며 반을 쪼갰습니다.

"몇 조각이야?"

"두 조각이요."

"또 반씩 자르자."

"몇 조각이야?"

"네 조각이요."

"더 자르려니까 좀 힘들겠다. 우리 사과 먹자. 한 개 다 먹을까, 한 조각 먹을까?"

여기까지 하는 데 시간이 얼마나 걸릴까요? 준비물 갖추고 조심하라고 이야기하고 순서대로 자르고 먹고 정리하는 데 얼추 40분이 흘러갑니다. 지루하다고 딴짓하는 아이는 보이지 않습니다.

그러고는 사과에 관한 동화책을 읽어 주고 사과에 얽힌 이야기도 나누고 그림도 그립니다. 사과나무 가지를 뒷 칠판에 크게 그려 놓고, 잎과 사과를 그려서 나무에 매달고 꾸미는 수업을 합니다. 사과 키우는 과정을 담은 책을 소리 내 읽으며 사과가 어떻게 자라는지 알아봅니다. 그런 다음 사과나무에 잎이 나고 꽃피고 열매 맺는 과정을 그림으로 그리거나 연극으로 표현합니다. 이렇게 할 때 사과는 먹는 과일이 아니라 살아 있는 생명으로 다가옵니다. 가게에 상품으로 놓여 있는 사과 한 개와 온몸으로 배우며 느끼는 사과 한 개는 완전히 다릅니다. 나와 사과가 이어집니다.

물 한 방울, 물 한 컵, 물이 담긴 생수병 하나, 태평양 바닷물. 모두 '1'로 표시합니다. 사람, 호랑이, 원숭이, 잠자리, 해, 달, 별, 지구 모두 '1'로 나타냅니다. 사과 한 개를 네 조각으로 쪼개듯 생수 한 병을 두 컵, 세 컵, 네 컵 이렇게 나누기도 합니다. 왜 그런지 까닭을 파고들기보다, 아이들과 만지고 이야기하고 놀면서 숫자 1을 물 모양으로 그리고, 원숭이로 그리고, 사람으로도 그립니다. 숫자로는 모두 1이지만 그 1이 무엇을 가리키는지에 따라 가슴에 와닿는 느낌이 달라집니다. 되도록 우리 삶에 필요한 물건으로 수업하려고 노력하는 까닭입니다.

그냥 숫자 1을 읽고 쓰는 것으로 마무리하는 수업과 비교할 수 없습니다. 몸으로 배우는 공부는 시간이 갈수록 큰 힘을 발휘합니다. 이런 걸 '확산력을 가진 훌륭한 공부 방법'이라고 말합니다. 누구 하나 졸지 않고, 잘하는 아이 못하는 아이 견줄 필요가 없어 즐겁습니다. 아이마다 자기만의 숫자 '1'을 만들어 갑니다.

수학을 배우는가 싶은데 미술, 사회, 도덕, 과학, 생태 그리고 국어 공부를 합니다. 모둠끼리 어울려 협동 학습하며 내 생각을 주장하고 표현하는 방법을 배웁니다. 의견이 부닥칠 때 어떻게 내 마음을 조절해야 하는지 깨달아 갑니다. 사과나무가 열매 맺는 과정을 배우면서 사과와 내가 이어져 있다는 것을 깨닫습니다. '1, 하나, 한 개, 사과, 사과나무' 글자를 읽고 씁니다. 삶과 배움이 따로 떨어지지 않고 하나되는 공부입니다.

봄과
만나기

2학년 담임할 때입니다.

"얘들아! 비가 온다."

담임 말 떨어지기 무섭게 장난꾸러기 몇이 창가로 달려가고 앉아 있던 아이들 몇은 담임 눈을 바라봅니다. '나도 창밖을 내다보고 싶어요'라는 뜻입니다.

"그래. 창문 열고 내다봐."

"선생님, 나가요. 나가서 우산 쓰고 걸어요."

"야! 공부해야지."

시끌시끌합니다. 담임 말 때문인지 봄비 맞고 있는 대모산 자락 나뭇가지 여린 잎들이 예뻐 그런지 아이들이 들떠 있습니다.

"그래, 좋아. 학교 밖 공원 둘러보고 대모산도 조금만 올라가자. 대신 아무 말 하지 않고 혼자 살펴보기."

"눈, 귀, 코, 입, 피부로 느끼라고요?"

밖에 나가 공부할 때마다 하는 말이라 아이들이 금방 알아듣습니다.

"그래. 좀 지루할 수는 있는데 참고 하자. 대신 대모산 올라가서 잠깐 서 있다가 내려올 때는 마구 수다 떨기. 선생님도."

수업 시간에 학교 밖으로 나가 봄비를 맞는다는 것만으로도 아이들에게 새로운 기운이 돕니다.

귀 기울이며 소리에 집중합니다. 우산에 떨어지는 빗방울 소리, 젖은 땅 위로 걸을 때 발걸음 소리, 솜털 솟은 어린 나뭇잎과 풀잎에 떨어지는 물소리가 들리는지 귀를 기울입니다. 코를 벌름거리며 냄새를 맡아 봅니다. 공원 연못가에 아이들이 목을 빼고 모입니다. 개구리알이 있기 때문입니다.

"선생님, 개구리알 맞지요?"

"저기 개구리! 개구리 있다."

"선생님, 개구리가 왜 안 울어요?"

"야! 우리가 이렇게 시끄러우니까 무서워서 그래."

"개구리알 가져다 키워요."

"선생님, 추워요. 옷 다 젖었어요."

"쉿! 우리 말 안 하고 보기만 하기로 했는데. 내려오면서 말하기. 지금 하고 싶은 말이 막 입에서 나오려고 하지? 선생님도 말하고 싶다."

대모산에 올라갔다가 내려오는 길에 아이들과 함께하면 좋은 수업 내용이 떠올랐습니다.

"얘들아! 우리 뒤 칠판을 봄 동산으로 꾸며 볼까?"

"좋아요. 거기에 대모산 그려요. 연못이랑 공원도."

"시냇물 만들어 넣어요. 물고기도 넣고."

"들도 그려 넣어요."

아이들과 교실 밖으로 나와 우산 쓰고 봄비 맞으며 공원을 거니니 아이들과 담임 가슴에 새로운 기운과 좋은 생각이 마구 솟아오릅니다. 교실로 돌아와 아이들과 뒤 칠판에 붙어 있던 작품을 다 떼어 정리한 다음 색 있는 종이끈으로 대모산, 공원, 연못, 시냇물, 들판 그리고 산도 몇 개 더 만들었습니다.

그 뒤로 여름이 오기 전까지 봄에 우리가 겪고 찾은 걸 그림과 사진, 글로 써서 가득 채웠습니다. 양평으로 농촌 현장체험학습을 가서 모도 심고 떡메도 치고 인절미도 먹고 개구리와 물고기도 봤습니다. 봄나물 캐거나 사서 나물로 요리하고 사진 찍고 글로 써보라는 과제도 내주었습니다. 그 모든 걸 우리가 만든 봄 동산에다 채워 넣었습니다.

숫자 '1', 글자 '봄'은
그림이나 기호일 뿐

숫자 '1', 글자 '봄'은 그림과 기호에 지나지 않습니다. 아이들마다 1이 가진 뜻과 기억은 다릅니다. 1을 보면서 이 세상에 있는 무언가를 떠올립니다. 그 기억 속에는 사랑스런 강아지가 있거나 하늘의 별이 있습니다. 시골 할머니 집에서 할머니 손잡고 함께 바라보던 달도 있습니다. 그 모두가 숫자로 1입니다. 지구도 1입니다.

　몸으로 겪어 아이 마음 깊이 들어온 숫자 '1', 글자 '봄'은 이야기보따리입니다. 시간이 흐르면 흐를수록 끝없이 많은 이야기가 쏟아져 나오는 보따리입니다. 숫자 '1', 글자 '봄'을 보면 하고 싶은 자기만의 이야기가 쏟아져 나옵니다. 아이들은 솟아나는 이야기에서 힘을 받으면서 삶을 가꾸어 갑니다.

5장

사람과
어울려 사는 공부

사람과 행복하게 어울려 살려면?

"공부 가운데 가장 어려운 공부는?"

누가 물어본다면 이렇게 대답하겠습니다.

"사람과 어울려 사는 공부입니다. 산 하나를 삽으로 파서 옮기는 게 낫지 사람과 어울려 사는 공부는 너무 어려워요."

사람과 어울려 사는 것은
자극을 주거니 받거니 하는 것

아이들은 '할리갈리, 가위바위보, 무궁화꽃이 피었습니다' 같은 놀이를 많이 합니다. 할리갈리를 할 때 보면, 어떤 아이는 온 힘을 다해 종을 세게 칩니다. 종이 부서질 정도로 치는 순간 다른 아이들 표정이 달라집니다. 놀라거나 당황하며 싫다는 표현을 내비쳐요. 또다시 종을 세게 내려친다면 아이들은 더 강하게 그러지 말라고 소리 지르거나 따집니다. 그런데도 이런 거친 행동이 되풀이되면 아이들은 이 아이를 피하거나 빼고 놉니다. 누군가는 이 아이가 종을 왜 세게 내려치는지 물어보기도 합니다.

종을 세게 친 아이도 몇 가지 반응을 보입니다. 담임과 부모에게 도와 달라고 해요. 자기가 아이들을 힘들게 한 걸 말하는 아이도 있고, 그건 쏙 빼고 이렇게 말하는 경우도 있습니다.

"쟤들이 나랑 안 놀아요."

"누가 나랑 놀지 말래요."

어떤 아이는 어른에게 도와 달라고 하지 않고 심술궂은 짓을 하기도 합니다. 마음이 약한 아이는 우울한 얼굴로 점점 혼자 지내는 시간이 늘어나기도 하고요.

"나 안 그럴게 같이 놀자. 미안해."

넉살을 떨며 어려운 고비를 넘기는 아이도 있습니다.

이번에는 가위바위보를 예로 들겠습니다. 가위바위보를 할 때 늦게 내면 다른 아이들이 가만히 놔두지 않습니다. 왜 늦게 냈냐고 곧바로 따져 묻지요. 그때 계속 자기가 맞다고 우기는 아이들이 있습니다. 다른 아이들이 설득해도 우깁니다. 함께 노는 아이들은 어떻게 할까요? 슬슬 피할 수도 있고, 왜 그러는지 사정을 물어보고 거기에 맞는 대책을 세울 수도 있습니다.

무궁화꽃이 피었습니다를 볼까요? 술래 쪽으로 달려가다 술래가 돌아볼 때 멈춥니다. 술래가 움직이는 걸 봤다고 하는데 걸린 아이는 자기가 움직이지 않았다고 우깁니다. 술래는 움직이는 걸 봤다고 확신에 차 말합니다. 다른 아이들도 이 상황을 지켜보며 한마디씩 합니다. 이럴 때 안 움직였다고 계속 고집을 부려야 할까요? 잡혀 줘야 할까요? 술래도 자기 생각을 계속 주장해야 할지 적당한 선에서 멈춰야 할지 갈등이 큽니다. 그 판단은 아이들 몫입니다.

위에 예로 든 것처럼 아이들끼리 어울리다 보면 갈등이 일어납니다. 갈등을 풀어 가는 방법은 수없이 많은 경우의 수 가운데 하나를 선택해야 하는 어려운 일입니다. 같이 놀다가 일어나는 어려움을 해결하는 방법은 아이들마다 다 다릅니다. 아이가 그동안 비슷한 문제에 부닥쳤을 때 어떻게 풀어 왔고 어떤 경험을 했는가에 따라 선택이 달라지기 때문입니다. 또 아이마다 지닌 기질과 성장 과정이 큰 영향을 미칩니다.

수학 문제를 풀다 어려움에 부닥치면 교사나 부모가 매달려 갖가지 지도 방법을 끌어와 도와줍니다. 사교육에 엄청난 돈과 시간을 들이기도 하고요. 기초를 갖추지 못하면 나중에 고생한다는 걸 알기 때문입니다.

하지만 또래 아이들과 어울려 지내다 어려움을 겪을 때는 어른들이 어떻게 하는지 되돌아봐야 합니다. 사람과 어울려 사는 공부는 수학보다, 아니 그 어떤 공부보다 기초가 필요한 공부인데도 수학 기초 다지는 것보다 가볍게 여깁니다. 그러고는 갈등이 있을 때 어른이 바로 개입해 기초를 다질 틈을 주지 않습니다.

사람과 어울려 사는 공부는
기초가 필요한 공부

사람과 행복하게 어울려 사는 데 필요한 기초 능력을 몇 가지 살펴볼까 합니다.

첫째, 1초도 안 되는 순간에 상황을 읽어 내는 힘이 있어야 합니다. 상대방의 눈빛과 몸짓과 말투에서 분위기가 어떻게 달라지는지 잡아내야 합니다. 그래야 엉뚱한 말, 생뚱맞은 행동을 하지 않을 수 있어요. 자칫하면 이런 말을 듣습니다.

"어, 쟤는 왜 저러지?"

처음 몇 번은 넘어가 줄 수 있지만 되풀이되면 어려움에 부닥칠 수 있습니다.

둘째, 상대의 마음과 감정에 공감하는 힘이 있어야 합니다. 자기 혼자만의 감정에 빠져 상대를 살피지 못하는 아이들은 자기가 원하는 것을 갖거나 이루려고 고집을 피웁니다. 다른 아이들이 설득하면 오히려 화를 내거나 거친 행동을 하기도 하고요. 이런 행동이 되풀이되면 어울려 사는 게 어려울 수 있습니다.

셋째, 결정하고 선택하는 힘이 있어야 합니다. 어떤 행동을 했을 때 그 행동에 대한 상대의 반응을 읽어 내고 반응에 따라 다시 내가 어떻게 해야 할지 판단하고 결정해야 합니다. 이 모든 것은 순식간에 이루어집니다.

내 몸에서 나오는 힘, 말에서 묻어나는 느낌, 눈빛에서 나오는 기운을 상황에 맞게 조절할 수 있어야 합니다. 몸과 마음의 균형을 이룰 수 있어야 합니다. 상황을 읽는 능력, 공감 능력, 상황 판단 능력, 내 선택과 판단을 책임지는 능력……. 이 많은 걸 언제 어떻게 배워야 할까요?

사람과 어울려 사는 공부는 어느 날 갑자기 벼락치기로 할 수 있는 게 아닙니다. 사람과 어울려 사는 방법을 가르쳐 주는 사교육을 본 적이 있나요?

사람은 나이 먹고 성장하면서 몸과 마음이 바뀝니다. 만나는 사람과 일거리도 달라집니다. 영아기, 유아기, 아동기, 청소년기, 청년기, 장년기, 노년기라고 하는 일반적인 삶의 과정마다 변화가 일어납니다. 내 안에서 솟아오르는 욕구도, 주변 사람들의 기대도 달라지기 때문입니다.

구구단을 못 배웠거나 익숙하지 않다면 늦게라도 노력하고 연습해서 배울 수 있습니다. 쉽지 않겠지만 수학 공부하는 데 어려움이 없을 정도까지 끌어올릴 수 있습니다.

하지만 사람과 어울려 사는 공부는 다릅니다. 부모 눈을 맞추고 방긋방긋 웃는 아기 때부터 시작해 죽는 날까지 쉬지 않고 해야 할 공부입니다. 이 공부는 벼락치기가 불가능합니다. 책이나 문제집을 풀고 설명을 듣는 이론 공부로는 도저히 메울 길이 없습니다. 한 시대를 이끌어 가는 훌륭한 현자를 모셔 와 아무리 설교를 들어도 이 공부만은 어찌할 길이 없습니다. 오직 제 나이 또래 아이들과 어울리고 온몸으로 겪으면서 깨달아야 하는 공부이기 때문입니다.

유아기에는 그 나이에 겪을 수 있는 갖가지 실수와 시행착오를 몸으로 경험해야 합니다. 또래들 사이에서 일어나는 갖가지 일을 겪어야 합니다. 아이들과 어울리면서 기쁨, 슬픔, 아픔을 몸과 마음으로 충분히 경험하는 과정에서 깨닫는 게 있습니다. 그 나이에 주어지는 과제를 하나하나 풀어 가며 감당해 내는 힘을 길러야 합니다. 그렇다고 또래 아이들과 어울리는 공부를 수단으로 여긴다면 이 또한 위험합니다. 사람과 어울리는 공부는 배움이자 놀이이고 삶 그 자체이기 때문입니다.

사람과 어울려 사는 공부는 사교육으로 배울 수도 없고 벼락치기로 몰아서 할 수도 없습니다. 성장 시기에 맞춰 늘 배우고 익혀야 하는 공부입니다. 나이에 따라 다가오는 만남 속에서 주어지는 과제를 풀어내면서 마음의 근육, 마음의 힘을 키우는 공부입니다. 사람과 어울려 사는 공부를 소홀히 하며 쌓은 지식 공부는 모래 위에 지은 성에 지나지 않습니다.

애들은 놀고 삐지고 놀고

1학년 담임할 때 이야기로 시작하겠습니다. 친한 여학생 셋이 있었습니다. 활발하고, 행동반경이 넓고, 주변에는 늘 친구들이 모여드는 그런 아이들이었습니다. 하루는 놀이 시간에 저를 찾아와 자기들 셋은 삼총사라고 해요. 입학한 뒤로 얼마나 많이 친해졌는지, 부모들끼리 모여 밥도 먹고, 주말이면 온 식구들이 같이 어울려 여행을 가기도 하는 그런 사이입니다.

그러던 어느 날 아침, 출근해 보니 제 책상 위에 놓인 쪽지가 눈에 띄네요. 그 삼총사 가운데 한 아이가 정성껏 꼭꼭 눌러 가며 쓴 편지입니다.

"선생님, 저를 빼고 둘이서만 놀아요."

다음 날엔 그 아이 어머니에게서 전화가 옵니다.

"선생님, 우리 아이가 며칠째 밥도 안 먹고 학교 가기도 싫대요. 우리 아이를 따돌리고 자기들끼리만 논다네요."

아이 쪽지와 어머니 전화를 받았지만 속상하고 힘든 마음을 위로만 하고 아무 일 없었던 것처럼 지냈습니다. 세 아이를 불러 자초지종을 알아보거나 잘잘못을 따지지 않았다는 뜻입니다. 사이좋게 지내라는 말도 안 했습니다. 이런 일을 겪는 게 한두 번이 아니거든요. 1학년 담임을 하다 보면 "선생님, 쟤가요" 하고 하소연하는 이야기를 골백번은 들어야 하루가 갑니다.

이번엔 다른 아이 어머니로부터 전화가 왔습니다.

"우리 애가 삐쳐서 밥도 안 먹고 학교도 안 가겠대요. 겨우 달래서 보내면 집에 와서도 우울해서 어깨가 축 쳐져 있어요."

이번에도 먼저 전화한 어머니에게 한 것처럼 위로하며 잘 살펴보겠다고 한 다음 이야기를 끝냈습니다. 그리고 이번엔 또 다른 부모로부터 전화가 왔습니다.

"애들 셋이서 싸우고 난리가 났어요."

이번엔 목소리에서 화난 기운이 전해집니다. 부모들끼리 서로 만나 이야기를 주고받는 사이라 이 일로 담임에게 전화한 사실을 서로 알고 있다는 느낌이 옵니다. 학부모가 몇 번씩 전화했는데도 담임이 아무 조치도 안 해서 속상해하는 마음이 전화기 너머 목소리에서 느껴집니다. 부모들끼리 어떤 말을 주고받았을지 짐작이 갑니다. 전화에 대고 조금은 무겁고 단호한 목소리로 말했습니다.

"근데 어머니, 지금 교실 담임 책상 앞에서 셋이서 같이 놀고 있는데요? 그것도 아주 행복하게 놀고 있어요."

그렇게 전화를 끊고 났는데 집에 가기 전에 셋이 또 싸웁니다.

담임교사로서 이럴 때 어떻게 해야 할까요?

　지금은 이렇게 시원시원하게 글을 써 내려가고는 있지만 부모들에게 전화가 왔을 때 입에 발린 소리로 가볍게 때우고 넘어갔다고 생각하면 큰 오산입니다. 사실은 아이들 사이의 문제가 심각하게 다루어야 할 일인지, 그냥 봄바람처럼 스치고 지나갈 일인지 고민했습니다. '오르락내리락 출렁거림이 심한 이 세 아이의 관계를 어떻게 풀어야 하나?' 이 과제를 머릿속에 넣어 두고 아이들이 수업 시간과 모둠 활동에 참여하는 태도, 놀이 시간에 아이들과 어울리며 주고받는 몸놀림과 눈빛, 급식실 오갈 때 모습 들을 자세히 눈여겨보았습니다. 그리고 밤마다 이 문제를 어떻게 풀어 갈지 궁리하다 세 아이들 이야기를 글로 쓰기도 했습니다. 저학년에서는, 아니 아이들 사이에서는 늘 되풀이되는 일이기 때문에 깊이 생각해 볼 중요한 주제입니다. 이때 쓴 글 제목이 "놀삐놀(놀고 삐지고 놀고)"입니다.

길은 오르락내리락
아이들은 놀고 삐지고 놀고

　셋서서 또 놀길래 곁에 다가가 웃으며 놀리듯 한마디 던졌습니다.
　"어이, 놀삐놀!"
　"선생님, 놀삐놀이 뭐예요?"

"놀고, 삐지고, 놀고. 날마다 그러니까 너희들은 앞으로 놀삐놀이야."

"아니에요. 우린 삼총사예요!"

"아님. 놀삐놀임!"

셋이 벌떡 일어나 장난치듯 담임을 톡톡 치며 자기들은 사이좋게 지내는 삼총사랍니다. 나 원 참!

세 아이의 어머니 가운데 맏언니 역할을 하는 어머니에게 전화해서 '놀삐놀'에 대해 설명했습니다. 부모들은 더 이상 문제 삼지 않았습니다. 그 뒤로는 안 싸웠냐구요? 아닙니다. 날마다 싸웁니다. 하루에도 몇 번씩. 하지만 부모들은 '놀삐놀'이란 말에 숨은 담임의 뜻을 이해하고 눈치챈 것입니다.

'아, 아이들은 저러면서 크는구나!'

삼총사 부모는 불안한 마음을 가라앉히고 아이들을 믿고 지켜보면서 지냈습니다. 6학년이 된 지금도 삐지고 다투고 헤어졌다 또 같이 놀면서 잘 크고 있습니다. 이제는 자기들을 '삼총사'라 부르지 않고 '놀삐놀'이라고 불러요.

부모마저 아이들 감정에 따라 같이 출렁거리면서 옳고 그름을 따지다가 학교폭력심의위원회로 갔다면 어떻게 되었을까요? 아이들에게 1학년 시절은 삼총사가 아니라 '삼 원수'라는 아픈 기억만 남을 것입니다. 실제로 요즘 학교 현장에서는 그런 어처구니없는 일이 자주 일어나고 있습니다.

앞에서 말했듯이 학교에서는 헤아릴 수 없을 만큼 많은 아이들의 하소연을 들어야 하루가 지나갑니다.

"선생님, 쟤가 괴롭혀요."

"놀려요."

"때려요."

"나랑 같이 안 논대요."

아이들의 하소연을 그러려니 하고 습관처럼 무심하게 넘긴다며 항의하는 부모들이 가끔 있습니다. 우스갯소리 아닌 우스갯소리 한번 해 보겠습니다. 목과 턱의 경계는 어디일까요? 눈으로 보고 확인할 수 있는 것마저도 경계를 짓는 건 어렵습니다. 하물며 잠시도 가만히 있지 않고 움직이는 아이들 사이에 일어나는 다툼이야 말할 것도 없습니다. 교육적으로 심각하게 다루어야 하는 건지, 위로하고 넘어가야 하는지, 그냥 웃으며 공감만 하고 넘어가도 되는 건지 판단하는 건 결코 호락호락한 일이 아닙니다. 하지만 너무 걱정할 필요는 없습니다. 아이들은 엉킨 관계를 풀어내고 언제 그랬냐는 듯 살아가는 힘이 대단합니다. 그래서 아이들은 놀쁘놀입니다.

아이들 사이에 다툼이 있을 때 조심할 게 있습니다. 부모가 아이들 사이에 일어난 일을 너무 부정적으로, 심지어 범죄로 바라보지 말아야 합니다. 봄바람이 부는데 태풍주의보를 내리는 것과 같은 이치입니다. 아이들 사이에 벌어진 다툼은 대부분 봄바람 같아서 가볍게 넘어갈 때 아이들은 건강하게 클 수 있습니다. 진짜 태풍이면 어떻게 하냐고요? 담임과 아이들과 학부모가 믿음을 바탕으로 편안하게 이야기를 나눌 수 있다면 봄바람과 태풍을 가려내는 건 그다지 어려운 일이 아닙니다. 아이들이 놀고 삐지고 놀고 하면서 어울려 살아가는 행복한 학교가 되면 좋겠습니다.

피하고 싶은 사람은 만나고
좋아하는 사람과는 헤어지고

두꺼운 수학 문제집 열 권 푸는 것보다 친구들과 어울리다 생기는 문제를 해결하는 게 훨씬 어렵습니다. 공부 가운데 가장 어려운 공부는 사람과 어울려 사는 공부입니다. 어린아이부터 청소년들의 고민거리 가운데 하나는 친구 관계입니다.

우리 아이들이 친구들과 어울려 지내면서 마음껏 즐거워하고 슬픈 일과 아픈 일은 겪지 않으면 좋겠습니다. 하지만 그렇지 않지요. 친구들과 지낼 때 늘 꽃피는 봄만 있으면 좋겠지만 가끔 비가 오고 우박이 쏟아져 당황스럽습니다. 슬픔과 좌절을 겪기도 합니다. 바라든 바라지 않든 온갖 일을 겪으며 하루하루 지내는 것이 사람 사는 과정입니다. 이것은 설거지하다 보면 그릇을 깰 수 있고 헤엄치다 보면 물을 먹는 것과 같은 이치입니다. 이런 다툼과 갈등은 누구도 피해 갈 수 없다는 걸 깨닫게 되면 아이도 부모도 조금은 여유로워질 수 있습니다.

피하고 싶은 사람과의 만남
사람과 어울려 사는 공부를 제대로 할 기회

학교에 다녀온 아이가 이렇게 말합니다.

"뒤에 앉은 애가 자꾸 건드려서 수업 시간에 집중이 안 돼요."

"유치원 때 그 아이랑 또 같은 반 됐어요. 하필이면 짝꿍이 됐다니까요. 학교 다니기 싫어요."

이럴 때 어떻게 해야 할까요? 부모는 담임에게 전화하거나 찾아가 사정을 이야기할 수도 있습니다. 아이가 학교 가는 게 즐겁지 않고 수업에도 집중이 안 되니 자리를 바꾸어 달라고 부탁합니다. 그러면 담임교사는 자리를 바꾸어 줄 수도 있고, 이런저런 이야기를 하며 지금 앉는 자리에 그대로 앉게 하기도 합니다. 저라면 그대로 가자고 할 것입니다, 아주 특별한 사정이 있지 않는 한.

담임이 한 해 내내 그 친구와 앉아 있게 하지는 않습니다. 자리 배치가 교육활동과 교실 생활에 큰 영향을 주기 때문에 담임은 자리 배치를 매우 중요하게 여깁니다. 너무 자주 바꾸어도 교실의 안정감을 깨고, 너무 안 바꾸어도 교육에 바람직하지 않거든요. 교실 분위기의 흐름과 특성을 섬세하게 살핀 뒤 거기에 맞게 자리 배치 방법과 규칙을 정합니다.

자리 배치는 친구 관계에 큰 영향을 줍니다. 이런 친구 저런 친구 골고루 어울려 지내는 일은 매우 중요한 공부이기 때문에 담임은 자리 배치를 신중하게 합니다. 아이들 사이에 좋아하고 싫어하는 관계, 성격, 관계를 풀어 가는 능력, 관계에서 겪는 아픔을 견뎌 내는 마음의 근육 발달 정도 같은 것들을 살펴서 짝과 모둠을 정하고, 일정한 기간이 지나면 바꿉니다. 아이들과 합의해서 하기도 하지만 담임의 교육적 판단에 따라 정할 때도 있습니다.

자리 바꾸는 날이 다가오면 아이들은 며칠 전부터 누구랑 만나게 될지 신경을 씁니다. 담임에게 어떤 친구랑 앉고 싶다고 말하기도 하고, 자리 정하는 규칙에 대해 의견을 내며 학급 회의를 하자고 하기도 합니다. 이 모든 과정이 매우 중요한 공부입니다. 교과 공부와 연결해 본다면 사회, 국어, 도덕, 창의적 재량 활동, 동아리 활동 과목이 관련 있습니다. 토론이나 회의를 하기도 하고 글쓰기도 하면서 자리 정하기와 연관된 공부를 합니다. 그러면서 우리 교실만의 흐름, 문화를 만들어 갑니다.

이런 과정을 겪으면서 아이들은 사람과 어울려 사는 공부의 중요함과 어려움을 몸과 마음으로 깨닫고 어떤 짝을 만나더라도 잘 지낼 수 있는 준비를 합니다. 피하고 싶은 친구를 만나도 약속된 기간 동안 그 친구와 어떻게 맞춰 가며 잘 지낼 수 있을지 고민하게 됩니다. 만약 이전에 껄끄럽게 지냈던 친구와 이번 기회에 친해진다면 그건 어마어마하게 큰 공부를 한 것입니다.

저는 피하고 싶은 친구와 사이가 좋아진 아이들에게 농담 삼아 이런 말을 합니다.

"너희들 집에 가. 일주일 학교 안 와도 된다!"

"왜요?"

"저번에 싸우더니 지금은 좋아 죽네. 사람과 어울려 사는 공부 하느라고 애썼다. 일주일 학교 안 와도 돼! 그럴 자격 있어."

마음이 안 맞아 피하고 싶은 아이와 친하게 지내게 됐는데 얼마나 기분이 좋을까요. 친구와 친하게 지내게 된 것은 친구의 새로운 모습을 발견했다는 것이고, 이는 곧 내 시야가 넓어진 것을 뜻합니다. 이렇게 힘든 고개를 한 번 넘어 본 아이는 사람과 어울려 지내다 겪는 어려움을 풀어낼 수 있는 어마어마한 선물을 받은 것입니다.

사람과 어울려 사는 공부에는
묘수가 없다

삶은 변화의 연속입니다. 하루에도 사람 마음은 쉴 새 없이 이리저리 흔들리며 바뀝니다. 사람의 성격과 됨됨이도 어느 한 가지로 정의할 수 없습니다. 화내는 아이, 지각하는 아이, 공부 못하는 아이, 공부 잘하는 아이, 성실한 아이…… 이런 식으로 사람을 한 가지로만 정의 내릴 수 있을까요? 불가능합니다. 한 가지로 보는 것 자체가 죄를 짓는 일입니다. 특히 한창 성장하는 아이들에게는 더욱 큰 죄입니다. 사람을 몇 마디 말로 규정짓는 순간 변화를 가로막거나 성장에 안 좋은 영향을 줄 위험이 크기 때문입니다.

아이들은 하루에도 수없이 많은 감정 변화를 겪습니다. 변한다는 것은 가능성이 있다는 말, 다름을 품을 수 있다는 말이기도 합니다. 하루뿐만 아니라 달마다, 계절마다 다른 모습을 보입니다. 사람들과 생각을 주고받는 모습, 이해하고 공감하는 모습, 감정을 표현하는 모습이 달라집니다. 순간순간 내가 바뀌고, 상대도 달라지기 때문이지요. 아이들이 다투고, 울고, 행복해하고, 가라앉고, 다시 떠오르는 것은 매우 당연합니다. 오히려 그러지 않으면 그야말로 심각한 일입니다. 그렇기 때문에 아이들이 성장하는 시기에 마음 맞는 사람하고만 짝을 하고 모둠을 해서는 사람과 어울려 사는 공부를 할 수 있는 기회를 잃어버리고 맙니다.

말로는 간단해 보이지만 이 모든 과정은 결코 만만치 않습니다. 사람과 사람 사이에, 심지어는 좋아하는 연인 사이에도 눈물을 흘리고, 헤어지고, 또다시 만나는 경우가 수없이 많습니다. 아이들도 좋아하는 사람, 싫어하는 사람, 미워하는 사람, 부담스러운 사람…… 온갖 사람을 만나 갖가지 일을 겪으며 단단해집니다. 따스한 봄바람, 뜨거운 볕, 폭풍우와 우박 들을 겪으면서 가을에 야무진 열매를 맺듯이 우리 아이들은 그렇게 커야 합니다. 사람과 어울려 사는 공부에는 정답이나 매뉴얼이 따로 없습니다. 그렇기 때문에 아이가 사람과 어울려 사는 공부라고 하는 매우 힘든 과제를 풀어 나갈 때 부모는 곁에서 공감하고 믿고 기다려 주어야 합니다.

아이가 친구와 어울려 지내다
어려움이 생겼을 때

아이들 사이에서 일어나는 괴롭힘이 내 아이한테서 일어났다고 느껴지는 순간 냉정함을 잃기 쉽습니다. 눈물이 나고 화가 솟구치는데 앞은 안 보이고 막막합니다. 어디서 도움을 받고 어떻게 풀어 가야 할지 답답합니다.

충분히 공감하되
냉정함을 잃지 말아야

"자식이 힘들어하는데 냉정하면 그게 부모야, 남이지!"

이 말에 동의합니다. 의사가 자식 수술 못 하는 것과 같은 이치입니다. 제가 의사라고 해도 손발이 부들부들 떨리고 눈앞이 희뿌옇게 흐려져 자식 수술은 못 합니다. 아이가 친구들과 어울려 지내다 어려움이 생겼습니다. 이 어려움이 다음 아래 보기 가운데 어떤 것에 해당하는지 살펴보겠습니다.

① 꺼진 전깃불 켜기

② 더러운 유리창 깨끗하게 닦기

③ 여러 재료를 버무려서 김치 담그기

④ 뒤엉킨 실타래 풀기

①번부터 차례로 살펴볼까요?

① 꺼진 전깃불 켜기

전원 버튼만 찾아내면 간단하게 풀립니다. 스위치를 켜는 순간 깜깜하던 방 안이 단번에 환해집니다.

② 더러운 유리창 깨끗하게 닦기

뿌연 유리창은 몇 번 문질러 닦으면 금세 깨끗해집니다. 유리창에 묻은 때에 맞는 세정제와 도구를 준비해 유리에 묻은 때를 잘 보고 정성껏 닦으면 깔끔해집니다.

③ 여러 재료를 버무려서 김치 담그기

일단 배추와 무, 절여야 하는 것은 미리 절이고, 필요한 재료와 양념을 준비합니다. 순서에 따라 재료를 다듬고 찧고 썰어 버무립니다. 간을 잘 맞추고 알맞은 곳에 두어 발효될 때까지 기다리면 됩니다.

④ 뒤엉킨 실타래 풀기

뒤엉킨 실타래를 보니 답답합니다. 잘못 건드렸다간 더 꼬일까 봐 조심조심 살피는데 실마리가 안 보입니다. 한참 살피니 몇 군 데 실마리가 있기는 하지만 어느 걸 잡고 풀어야 술술 풀릴지 머리가 아픕니다. 욕심이 앞서니 더 엉킵니다. 느긋하게 시간을 갖고 천천히 하라고들 하지만 마음은 급하고 답답합니다.

일단 아이들 사이에서 일어난 일이 심각하게 다가오거든 위에 서 말한 네 가지 가운데 어떤 것인지, 감정에 휩싸이지 말고 차분 히 분석해야 합니다.

학교에서 아이들과 지내다 보면 자칫 전깃불 켜는 정도의 일을 엉킨 실타래로 알고 심각하게 일을 해결하는 경우가 많습니다. 내 자식이 울고불고 힘들어하니까 그만 거의 모든 문제를 엉킨 실타 래로 파악하는 실수를 저지르게 되지요. 봄바람처럼 스쳐 지나갈 일을 쓰나미로 여기는 경우가 적지 않습니다. 학교폭력심의위원 회를 열거나 법률 전문가까지 동원해 풀어 가다 보면 그 일이 아 이들 마음에 오랜 시간 어두운 기억으로 남게 됩니다. 부모는 자 칫하면 아이들이 이 과정에서 큰 상처를 입을 수도 있다는 걸 잊 으면 안 됩니다.

가장 중요한 것은
'아이의 성장과 발달에 도움이 되는 길'을 찾는 것

여기에서는 가장 어려운 네 번째 경우를 살펴보겠습니다. 실타래처럼 뒤엉킨 친구 사이의 어려운 문제를 어떻게 풀어 가면 좋을까요? 이런 문제를 풀 때 부모가 조심해야 할 게 있습니다. 아이에게 지나친 불안감을 드러내면 안 됩니다.

사랑하는 자식이 힘들어하는 걸 보는 순간 부모의 눈동자가 흔들리고 화가 치솟습니다. 그러나 부모가 그런 모습을 자주 보이면, 아이는 친구 사이의 문제를 솔직하게 말하는 게 부담스러워집니다. 견디기 힘든 일이 있어도 꼭꼭 감추고 혼자 괴로워하는 일이 벌어질 가능성마저 있습니다. 아이가 부모에게 어려움을 하소연하는 가장 큰 까닭은 부모가 공감해 주길 바라서입니다. 부모가 분노하기보다는 귀담아듣고 공감하며 어떻게 문제를 풀어 갈지 차분하게 이야기를 나눠 보는 게 좋습니다.

아이에게 어려움이 생길 때 부모가 보이는 반응을 유형별로 세 가지로 나눌 수 있습니다. 사실은 인생을 살다 문제에 부닥쳤을 때 문제를 해결해 나가는 유형이라고 볼 수도 있습니다.

① '남 탓'형: 외부에서 문제의 원인을 찾는 유형

② '내 탓'형: 자신과 아이에게서만 문제의 원인을 찾는 유형

③ '탐색'형: 문제를 해결할 방법과 도와줄 사람을 찾는 유형

관계를 풀어 가는 방법은 엉킨 실타래를 푸는 것처럼 복잡합니다. 사람 사이의 문제를 해결하려면 '사람'에게 집중해야 합니다. 겉으로 보이는 현상만 바라보면 원인을 찾을 수 없습니다. 아이들 사이에 문제가 있다면, 오래전부터 무언가가 뒤엉켜 있는 경우가 많습니다. 과거의 시간 속에서 뒤엉킨 것을 찾아내야 합니다.

확 해결해 버리고 싶은데 판단이 잘 안 섭니다. 이럴 때는 이 상황에서 아이에게 긍정적인 기운을 줄 사람, 가장 큰 영향력을 미치는 사람을 찾아보는 게 중요합니다. 그 사람이 중심을 잡고 가야 합니다. 이럴 때 아이를 가장 크게 도와줄 수 있는 사람은, 이야기가 제자리를 도는 것 같지만 바로 부모와 담임입니다. 전문가의 도움을 받는 것도 필요합니다. 하지만 어디까지나 방향을 잡아 주고 자문을 해 주는 것이지 오랜 시간 동안 아이 곁에서 보살피고 기운을 줄 사람은 부모와 담임입니다.

담임과 부모가 손을 꼭 잡고, 문제의 본질이 무엇인지 여러 각도에서 살펴보아야 합니다. 아이에게 가능한 모든 방법을 동원하며 정서적으로 접근해야 합니다. '학교폭력심의위원회'는 가장 마지막 수단입니다. 학폭위로 가는 순간 교육적 접근이 쉽지 않습니다. 객관적으로 중립을 지키며 일을 풀어 가야 하니 담임마저도 교육적으로 다가가기 힘들어집니다. 주위 사람들은 중립을 지키느라 몸을 사리게 됩니다.

자칫 잘못하면 학교가 교육기관이 아닌, 법률기관이나 행정기관으로 전락해 버릴 수 있습니다. 학교는 '교육기관'이어야 합니다. 행정기관이나 법률, 사법기관이 되는 순간 아이에게 정서적으로 따뜻하게 다가가는 건 어렵습니다. 학교 폭력 사안이 접수된 뒤에 학교는 신고한 학생과 신고 당한 학생 사이에서 공정하고 균형 있는 관점을 유지해야 할 의무가 있습니다. 그래서 어느 한쪽과도 쉽게 이야기를 나눌 수 없게 됩니다. 학교는 긴장하면서 돌덩어리처럼 굳어 버립니다. 아이들 중심이 아닌 행정절차에 집중하며 시간이 흘러가는 안타까운 상황이 벌어집니다.

교육은 시간 흐름 속에서 몸과 마음에 바람직한 변화를 일으키는 일입니다. 하지만 어른들이 법률적 다툼을 벌이는 사이, 시간은 흘러가고 아이들에게는 상처와 아픔만 깊어집니다. 아이를 둘러싼 어른들이 어떤 마음가짐으로 이 문제를 풀어 가는지에 따라 어둠이 되기도 하고 빛이 되기도 합니다. 아이들 사이의 다툼이 배움의 기회가 되도록 부모와 교사가 지혜를 모으면 좋겠습니다.

6장

아이 마음 헤아리기

아이들은 날마다 새날

6학년 담임할 때 출근하는 길이었습니다. 아침마다 늘 해 온 것처럼 우리 반 아이들 이름을 외우는데, 환영이 다음으로 넘어가지 못하고 자꾸 멈춥니다. 환영이는 어제 수학 시간에 신경질 난다고 사물함 물건을 끄집어내 교실 바닥에 내동댕이치고는 담임이 치우라고 말해도 치우지 않고 버티더군요. 집에 갈 때까지 버티며 독한 눈빛으로 대들던 그 녀석 모습이 자꾸 떠올라 감정이 출렁이고 화가 올라옵니다. 지난밤에도 생각이 나서 잠을 설쳤습니다.

'환영이 속 이야기를 더 들어 봐야 했는데……. 일단 마음 풀고 부드럽게 시작해 보자.'

교실에 들어서니 저 뒤에서 애들하고 노는 환영이가 보입니다.

'어쭈, 저 녀석 봐라. 사람 밤잠도 못 자게 뒤집어 놓고 저는 아무 일 없는 듯 저러고 있어. 저게 날 알은척도 안 하네.'

가라앉았던 화가 다시 치솟습니다.

'아니지, 아니지. 어제 해와 오늘 해가 같으면 어떻게 사냐? 저 놈이 감정 털고 밝게 노는 걸 다행이라고 생각해야지. 나중에 차분히 이야기해 보자.'

우아하게 마음을 정리했지만 그래도 속이 불편합니다.

아이들은 환영이처럼 전날 담임 속을 뒤집어 놓고도 다음 날이면 아주 천진난만하게 인사합니다. 아이들끼리 독설을 퍼부으며 다투어 놓고 몇 시간 뒤에는 언제 싸웠냐는 듯 노는 경우가 수도 없습니다. 거의 모든 아이들이 이렇습니다. 그런데 담임이나 부모들은 그게 아니거든요. 어른들끼리는 계속 잘잘못을 따지느라 심각한데, 정작 부모로 하여금 옳고 그름을 따지도록 일을 벌여 놓은 아이들은 그 사실을 까마득하게 잊고 어울려 놉니다.

아이들이 날마다 새롭게 출발할 수 있도록 도와주어야 하는데 그게 참 어렵습니다. 교육적으로 짚고 넘어가야 할 것은 짚되 지난 일이 아이들 마음을 붙잡게 해서는 안 되는데 말입니다. 다 아는데도 속상한 일이 벌어지면 이성과 감정이 따로 놉니다.

아이들의 생명력은
샘물처럼 솟는다

아이는 어제에 머무를 틈이 없습니다. 안에서 샘물이 솟아나듯 새로운 기운이 끊임없이 솟아오르기 때문이지요. 끊임없이 솟아나는 기운에는 여기저기 이것저것 두리번거리고 눈길을 주는 호기심, 마음 끌리면 다가가 어울리는 힘, 궁금하고 알고 싶으면 빠져드는 집중력, 몸과 마음으로 빨아들이는 흡입력…… 이루 헤아릴 수 없이 많은 것이 포함됩니다.

이 힘으로 아이들은 자기를 둘러싼 모든 사물과 생명체와 사람들과 만납니다. 만나서 어울리고 뒤섞이고 주고받고 드나듭니다. 눈에 보이는 것만이 아니라 보이지 않는 마음도 움직이며 뒤엉켜 어울립니다.

그러는 사이 서로 달라집니다. 아이는 자기에게 다가오는 것과 어울려 변화할 준비를 합니다.

그렇다고 아이들 안에서 솟아나는 생명력이 늘 변화를 가져오는 것은 아닙니다. 봄이 온다고 모든 나무에 움이 트지 않는 것과 같은 이치이지요. 봄만 와도 안 되고 나무의 생명력만 있어도 안 됩니다. 이 두 가지가 서로 만날 때, 맞닿을 때, 뒤섞여 들어가 서로 어울리며 주고받을 때, 그제야 비로소 새로운 변화가 일어나게 됩니다.

아이들은 생명력을 갖고 있기에 어느 한곳에 머물지 않고, 한 가지 모습으로 고정되지도 않습니다. 생명력은 곧 변화 가능성, 성장 가능성이기도 합니다. 아이들이 가진 생명력이 봄기운과 만날 때 새싹이 돋고 꽃이 피고 열매도 맺습니다. 수많은 생명을 품는 숲이 되고요. 아이들이 가진 생명력이 봄과 만나는 그 순간 새날이 열립니다.

부모에게 봄기운이 돌 때
아이는 날마다 새날

아이들이 날마다 새날을 맞이하는 것만 중요한 게 아니라, 부모도 날마다 새날이어야 합니다. 부모가 날마다 새날을 맞이하지 못하면 아이들 또한 새날을 맞이할 수 없습니다. 어른이 어둡고 우울하고 슬픔에 젖어 있어도 아이들은 방긋방긋 웃으며 들떠서 지낼 수 있습니다. 그러나 아이들이 오랫동안, 언제까지 버틸 수는 없습니다. 어른보다 생명력이 많기에 어느 정도는 어른을 기다려줄 수 있지만 끝없이 그럴 수는 없기 때문이지요.

4학년 담임할 때 이야기입니다. 교실에서 석이와 준희가 싸웁니다. 그러다 석이가 성질이 나 그만 준희에게 침을 뱉었습니다. 우선 두 아이를 떼어 놓아 더 이상 거친 말과 행동을 주고받지 못하게 했습니다. 아이들 마음이 어느 정도 가라앉은 다음 이런저런 이야기를 나누고 집으로 보냈습니다.

준희는 아이들과 다투는 일이 잦습니다. 다른 아이들보다 몇 배는 더 많이 다툽니다. 석이와 싸운 일을 계기로 아무래도 상담을 더 이상 미루면 안 되겠다 싶어 준희 어머니와 상담을 잡았습니다. 어머니는 준희가 학교생활을 힘들어한다고 판단하고는 직장을 휴직하고 아이에게 집중하고 있다고 말했습니다. 상담하다 보니 어머니 표정과 말투에서 어두운 기운이 느껴졌어요. 아이를 위해 어렵게 휴직을 했지만 기대했던 것만큼 아이에게 좋은 변화가 일어나지 않아 그런지 자꾸만 우울해진다고 합니다.

준희도 중요하지만 어머니 자신을 돌보는 것이 더 중요하다는 말을 나누었습니다. 어떻게 하면 밝은 기운이 돌게 할 수 있을지 생각을 나누다 이런저런 집안 사정까지도 이야기하게 되었습니다. 그 뒤로 저는 준희 어머니와 일주일에 한 번씩, 준희가 조금씩 좋아지면서는 그 기간을 늘여 가며 전화를 주고받았고, 대면 상담도 이따금 했습니다. 나중에는 전문가를 만나 상담도 함께해 나가더군요. 집안 분위기가 차츰 밝아지는 걸 준희 얼굴과 말투에서 느낄 수 있었습니다.

이처럼 부모가 새로운 기운을 조금씩 만들어 낼 때 아이에게도 밝은 기운이 돕니다. 부모가 새날을 맞이해야 아이도 새날을 맞이할 힘이 생긴다는 걸 깨달은 소중한 경험이었습니다.

아이가 받는 자극을
바꾸어 주기

아이를 새롭게 바라보는 게 가장 어려운 경우는 아이가 비슷한 잘못과 실수를 되풀이할 때입니다. 아이가 날마다 새날을 맞이하도록 기회를 주어야 한다는 말에는 동의합니다. 하지만 아이와 하루하루 살아가는 부모에게는 이 말이 결코 쉽지 않습니다.

그러나 늦게 일어나고, 거짓말하고, 숙제를 하지 않고…… 부모가 걱정할 만한 행동만 되풀이하는 게 꿈인 아이는 없습니다. 하지 말아야 하는데 뭔가 알 수 없는 힘이 아이가 그렇게 하도록 몰아간다고 봅니다.

어떤 문제 행동이냐에 따라 차이가 있지만 그 문제 행동을 하지 말라고 말로만 되풀이한다고 해서 아이가 달라지지는 않습니다. 알맞은 선에서 책임을 물으면서 더불어 그 문제 행동을 직접 건드리지 않고 다른 곳에 자극을 주어서 아이의 변화를 이끌어 내야 합니다.

아이가 잘하는 것을 찾아 그 활동을 더 많이 하도록 기회를 주거나, 아이가 재미있어 하는 활동이나 일에 집중하고 빠져들 수 있도록 공간을 꾸미고 마음을 써 줍니다. 아이와 정서적으로 이어질 수 있는 사람, 예를 들면 좋아하는 친구와 더욱 가깝게 지내게 하거나, 부모와 함께하는 시간을 늘이고 관심을 쏟아 줍니다. 아이에게 밝은 기운을 준다고 여겨지는 자극을 꾸준히 줍니다. 그렇게 시간을 보내다 보면 아이에게서 아주 작은 변화가 일어나기 시작합니다.

이처럼 새날을 맞이하게 하는 방법 가운데 하나가 아이에게 주어지던 자극의 종류와 흐름을 바꾸어 주는 것입니다. 아이가 시간대별로 만나는 사람과 겪는 일, 하는 일, 즐기는 일을 살피고 목록을 만들어 그 특성을 분석한 다음 변화를 줘야 합니다. 부모의 생각과 판단에 따라 변화를 줄 수도 있고, 아이의 생각을 반영해 변화를 만들어 갈 수도 있습니다. 이때 중요한 것은 부모의 생각만 고집하지 않아야 해요. 아이와 더불어 둘레 사람, 특히 담임교사를 비롯해 필요하면 전문가와 손을 잡아야 합니다. 열린 마음으로 손발을 맞춘다면 바람직한 변화를 일으키는 데 필요한 시간을 줄일 수 있습니다.

　아이는 생명력이 솟아오르기 때문에 지난 시간에 머무르지 않습니다. 아이들은 늘 지금 이 순간에 흠뻑 빠져듭니다. 아이들이 지난 시간에 저지른 잘못에 얽매이지 않고 새롭게 시작할 수 있도록 도와주어야 하는 까닭입니다. 어른들이 지난 시간에 얽매여 있을 때, 아이들은 훌훌 털고 지금 곁에 있는 사람과 어울리며 노는 일에 빠져듭니다. 아이들이 날마다 새날을 맞이할 수 있도록 우리 어른들도 노력하면 좋겠습니다.

학교에 다녀온 아이에게
뭐라고 말할까?

아이가 학교에서 돌아올 시간이 되었습니다. 귀도 눈길도 자꾸 현관 쪽으로 갑니다. 아이가 현관문을 열고 들어섭니다. 문을 여는 순간 느낌이 옵니다. 사실은 문을 열기 전에 현관 밖에서 들려오는 발걸음 소리만 들어도 알 수 있지요. 흥얼흥얼 노랫소리와 사뿐사뿐한 발걸음이 들리는 날도 있고, 발걸음 소리도 없이 갑자기 문이 열리는 날도 있고, 현관에 들어서며 소리를 빽 지르는 날도 있습니다. 현관문 열기도 전에 아이의 울음소리가 먼저 들리는 날도 있습니다. 표정이 우울한 날도 있고, 활짝 웃으며 학교에서 겪은 일을 쉴 새 없이 조잘조잘 쏟아 내는 날도 있습니다. 이럴 때 부모는 어떤 반응을 보여야 할까요?

부모가 집에서 아이를 맞이해 주는 경우도 있지만 맞벌이하느라 아이 혼자 빈집에 들어서야 하는 경우도 많습니다. 돌봄 교실, 학원, 스포츠 클럽 들로 아이가 계획표에 따라 방과 후 시간을 보내기도 합니다. 그런 아이에게서 전화가 걸려 옵니다. 그 순간 부모는 많은 생각이 듭니다. 전화기에서 들려오는 아이의 말투와 숨소리에 온 신경이 쏠려요. 아픈지, 다쳤는지, 외로운지, 심심한지, 뭐가 먹고 싶은지, 화가 났는지, 누구랑 다투었는지 짧은 순간에 갖가지 생각이 스쳐 지나갑니다. 어떻게 반응해야 할지 머리를 굴립니다. 혼자 방과 후 시간을 보내는 아이를 생각하면 마음이 뒤숭숭해집니다.

해서는 안 되는 말

피해야 하는 말

부모가 어떻게 반응하는 게 좋은지 이야기하기에 앞서, 학교 다녀온 아이에게 해서는 안 될 말을 살펴보겠습니다. 주로 아이의 어두운 점이나 단점에 뿌리를 둔 말입니다.

첫째, 무언가를 가르치려는 말입니다.

"오늘 발표했어? 목소리 크게 했어?"

"아침에 말한 대로 물건 정리 잘 하면서 지냈어?"

"수업 시간에 자세 바르게 했지?"

아이에게 좋은 습관을 길러 주려는 말이지만, 학교에서 막 돌아온 아이가 부모와 나누고 싶은 이야기는 아닙니다. 아이는 되도록 피하고 싶은 말입니다. 아이 안에 있는 말, 하고 싶던 말이 쏘옥 들어가게 하는 말입니다.

둘째, 아이의 능력을 과소평가하는 말입니다. 아이의 실제 나이보다 두 살 위로 대하면 이런 일은 없을 것입니다. 자꾸만 아이를 지금 나이보다 어리게 보고 과소평가하는 말을 하면 아이가 혼자 힘으로 해내는 경험을 못 하게 됩니다.

"넘어지니까 조심해."

"교실 찾을 수 있겠어?"

"무거운데 들 수 있겠어? 가져다줄까?"

"엄마가 골라 주는 옷 입어. 어제 두껍게 입고 가서 고생했잖아."

셋째, 부모 안에 있는 불안감을 드러내는 말입니다.

"누가 괴롭히면 말해."

"무슨 일 있었니?"

"친구들하고 어울렸어?"

이런 말을 자꾸 하면 아이는 누가 조금만 기분 나쁘게 하거나 사소한 다툼이 있어도 그것을 괴롭히는 일, 나를 힘들게 하는 일이라고 생각합니다. 친구들과 지내면서 있었던 헤아릴 수 없이 많은 이야기 가운데 안 좋았던 내용만 계속 생각하고 떠올리는 사고 구조가 만들어집니다.

이 모든 말은 아이를 향한 불안한 마음이나 걱정에 뿌리를 둔 말입니다. 아이를 물가에 내놓은 것처럼 부모의 걱정이 많은 건 당연합니다. 그러나 이런 불안과 걱정은 아이 몫이 아닙니다. 부모의 몫이지요. 불안과 걱정을 가슴에 안고 있되, 아이에게 표현하는 것은 차원이 다른 문제입니다. 말로도, 몸짓으로도, 눈빛으로도, 글로도 표현하지 않도록 노력해야 합니다.

부모가 자꾸만 불안을 표현하면 아이가 자기 자신에게 집중하지 못하게 됩니다. 아이 안에서 올라오는 기운과 생각, 감정에 집중하며 변화하고 성장해야 하는데, 자꾸 남이 하는 말이나 평가에 집중하고 매달리게 됩니다. 그런 아이는 자기 생각이나 느낌보다 부모의 생각과 판단이 중요합니다. 그래서 중요한 결정을 할 때마다 부모에게 물어보고, 부모를 위해 공부하고 노력하는 사람으로 자라게 됩니다.

넷째, 과제나 일정 중심의 말입니다.

"학원 다녀왔어?"

"문제집 풀어 놓으라고 했지? 다 했니?"

"방 치우라고 했지?"

"설거지가 이게 뭐야!"

"옷 정리가 이게 뭐냐?"

이런 말이 필요하지 않다는 게 아닙니다. 해선 안 되는 말도 아닙니다.

다만, 학교에 막 다녀온 아이에게 이런 말을 처음으로 꺼낸다면 그건 다른 문제입니다. 또 아이가 집에 있고 부모가 늦게 돌아왔을 때 집에 들어서자마자 부모 입에서 이런 말이 튀어나온다면 아이 마음이 어떨까요? 부모 목소리가 듣고 싶고 힘든 일을 하소연하려고 전화했는데 아이가 말을 꺼내기도 전에, 또는 말하는 중에 부모가 이런 말을 한다면 아이는 점점 입을 다물게 됩니다. 아이 가슴에 아픔이 쌓여 갑니다.

밝은 기운을
북돋는 말

그렇다면 어떤 말을 해야 할까요? 어렵게 느껴지지만 사실 별거 없습니다. 우리 아이를 성공한 사람, 뭔가 잘하는 사람으로 키우겠다는 목적에 얽매이다 보면 온몸에 힘을 주고 말을 쥐어짜게 됩니다. 억지로 말을 지어냅니다. 운동하는 사람이 잘하겠다고 마음먹는 순간 근육에 힘이 들어가 순발력이 떨어지고 판단력도 흐려지는 것과 같은 이치입니다.

밝은 기운을 북돋는 말, 그냥 아이를 반겨 주는 말이 좋습니다.

추운 날 문을 열고 들어섭니다.

"어서 와. 날이 많이 춥지?"

직장에서 일하는데 전화가 왔습니다.

"엄마, 지금 뭐 해?"

"학교 끝났구나? 나도 딸이 보고 싶네. 배고프지?"

밤늦게 회식하는데 전화가 왔습니다.

"아빠, 오늘 늦어요?"

"아빠가 보고 싶구나. 어쩌지? 나도 네가 보고 싶다."

일상생활에서 겪는 일을 편안하게 나누는 것도 좋습니다. 그런데 부모들은 의외로 아이와 이런 말을 나누는 걸 어려워합니다. 자꾸 아이에게 피가 되고 살이 되는 교육적인 이야기만 하려고 해서 그런 게 아닌가 싶습니다. 등하굣길에 관찰한 것을 이야기하는 걸 예로 들어 보겠습니다.

아이들과 부모 사이에 자주 벌어지는 상황입니다.

"엄마, 나 집에 오다가 고양이 봤어."

"그래? 그랬구나. 그런데 학원엔 잘 다녀왔니?"

이런 일이 되풀이되면 아이는 입을 닫아 버립니다.

그러나 아이와 일상생활을 중심으로 말을 주고받으면 아이는 존중받는다고 느낍니다. 언젠가 제가 출근하다 늦었습니다. 교실에서 아이들과 수업하다가 말을 꺼냈습니다.

"오늘 아침에 내가 늦었잖아. 왜 늦었는지 아니?"

"왜요? 늦잠 잔 거 아니에요?"

"어제 술 한잔해서 늦었지요?"

"알람이 안 울었어요?"

"아니. 나 참, 머피의 법칙이라고 있잖아. 계속 일이 꼬이는 거. 지하철 타려고 갔는데 코앞에서 놓친 거야. 십 분을 더 기다렸어. 지하철에서 내려 버스를 타려고 또 부지런히 갔지."

"이번에는 버스가 떠난 거 아니에요?"

그야말로 별 뜻도 목적도 없는 이야기를 주거니 받거니 합니다. 그런데 아이들이 편안하게 말문을 엽니다. 서로 가까워진 느낌이 듭니다.

아이의 말과 행동에 숨겨진 속뜻을 이해해 주는 말이 좋습니다. 회사를 마치고 아빠가 집에 왔는데 아이가 이럽니다.

"아빠! 왜 엄마 아빠는 냉장고에 맨날 똑같은 것만 넣어 놔?"

"뭐가 맨날 똑같아! 나름대로 챙겨 놨잖아, 아침에 얼마나 바쁜 줄 알아?"

이렇게 말하는 순간, 서로 거친 말이 오고 갑니다.

"먹고 싶은 게 있구나. 뭐 먹고 싶어? 아니면 시켜 먹을래? 오늘 은 시켜 먹고 주말에 뭐 만들어 먹자."

중요한 것은 냉장고에 뭐가 들어 있는지 없는지가 아니라 지금 집에 아이 혼자 있어서 마음이 안 좋다는 것, 같이 음식을 먹고 싶 다는 마음을 읽어 주는 것입니다. 아이들 말에 숨어 있는 속뜻을 이해하고 받아들이는 게 쉽지는 않습니다.

말을 잘하게 될 때까지
입을 막고 살 수도 없고

한 가지만 기억하면 됩니다. 너무 뻔한 이야기이지만 아이를 마 음껏 사랑하는 마음과 그 사랑을 바탕으로 아이를 대하면 됩니다. 그런 마음이 바탕에 깔려 있다면 실수를 해도 아이는 상처받지 않 고 건강하게 자랍니다.

다만, 부모 마음이 열려 있어야 해요. 맹목적인 사랑이 아닌지, 내가 표현하는 방법이 적절한지 끊임없이 검토하고 노력하는 마음가짐만 있으면 됩니다. 아이는 그런 부모를 든든한 언덕으로 삼고 자기 자신에게 집중하며 자기답게 살아가는 길을 가꾸어 갑니다.

아이를 수단이 아니라 목적으로 여기는 마음이면 좋겠습니다. 공부를 잘하든 못하든, 정리를 잘하든 못하든, 몸이 튼튼하든 아프든 모두 귀한 자식이라는 마음만 있다면 아이는 건강하게 자라납니다. 지금 당장은 어려움을 겪지만 한 걸음 한 걸음 자기 삶을 살아갈 거라고 믿습니다.

우리 아이, 어떻게 칭찬할까?

짧은 이야기 하나 해 보겠습니다. 4학년 담임하던 해 여름날이었습니다. 아침 9시 넘어 학교에 온 준이는 1교시 내내 수업에 집중하지 못합니다. 어두운 표정에 등은 구부정하고 책상 위에 자꾸 엎드립니다. 쉬는 시간에 준이 귀에 대고 말했습니다.

"몸이 안 좋아?"

"몰라요."

귀찮게 말 걸지 말라는 투입니다.

"학교 오느라 애썼다. 짜식, 나 같으면 집에서 쉰다. 큰일 했다. 참, 밥은 먹었어?"

"……."

"선생님한테 비스킷하고 초코바 있는데……. 그리고 오늘은 점심 먹으러 조금이라도 서둘러 가자."

준이 녀석 등을 문지르고는 대답도 기다리지 않고 제자리로 돌아갔습니다. 뭔가 속상하고 힘든 일이 있는데도 참고 학교에 온 준이에게 한 칭찬이었습니다.

어둠을 밀어내며
홀로 설 힘을 주는 것이 칭찬

'칭찬'과 헷갈리는 게 있습니다. 평가입니다. 칭찬은 평가가 아닙니다. 평가란 목표, 기준을 정해 놓고 그걸 어느 정도 이루었는지 살피는 것입니다. 칭찬이 무엇인지 또렷하게 말해 보라고 하면 쉽지 않습니다.

칭찬을 떠오르는 대로 말해 보겠습니다. 마음에 있던 어둠을 거두어 내고 뭔가 좋은 기운이랄까 빛이 조금씩 보이게 해 주는, 격려하는, 북돋워 주는, 동기를 부여하는, 혼자 뭔가 하고 싶은 마음이 솟아나게 하는 □입니다. 이 □ 안에 들어갈 수 있는 게 뭘까요? 가장 먼저 입에서 튀어나오는 건 '말'입니다. 그다음으로는 '몸놀림' '눈빛' '편지'나 '글' '그림' '선물' '밥'이나 '간식' 들이 있습니다. 또 뭐가 있을까요?

칭찬은 행복한 마음이 솟아나게 해 줍니다. 살맛나게 하고 살아갈 힘을 주며 저절로 입이 벌어지게 합니다. 궁금한 것이나 하고 싶은 걸 더 자세하고 깊이 파고들게 만듭니다. 나에게 좋은 것, 삶에 보탬이 되는 것을 여기저기 뒤지며 찾아다니게 합니다. 그러다가 이거다 싶으면 온 정성을 다해 내 몸과 마음으로 빨아들이도록 도와줍니다. 칭찬은 건강한 나무와 풀이 주변에 있는 물과 영양분을 쭉쭉 빨아들이도록 북돋워 주는 것과 같습니다. 그래서 잎 틔우고 꽃피워 열매를 맺도록 합니다.

좋은 칭찬은 남이 하는 듣기 좋은 말이나 관심에 매달리지 않게 합니다. 칭찬하는 사람 주위를 맴돌며 그 사람의 표정과 말에 매달리지 않게 합니다. 귀담아듣는 건 좋으나 남에게 일방적으로 의지하면 그건 자기 삶이 아니기 때문입니다. 참 좋은 칭찬은 홀로 우뚝 서게 하는 힘이 생기도록 도와줍니다. 나 자신을 소중히 여기게 해 내가 내 삶의 주인이 되도록 합니다. 내 삶을 스스로 가꾸어 갈 용기와 힘이 솟아나도록 도와줍니다.

마음으로 하는 칭찬이
최고의 칭찬

칭찬을 함부로 하면 안 된다고들 합니다. 그렇다고 정확히 알 때까지, 충분히 연습해서 실수하지 않을 때까지 입을 다물고 있을 수는 없지요. 자식 키울 준비를 다하고 아이를 낳아야 한다면 아마 이 세상에서 아기 울음소리는 곧 사라지고 말 것입니다. 아이와 지지고 볶으며 사는 과정에서 아이는 변화하고 성장합니다. 부모 또한 하루하루 시행착오를 겪으면서 하나둘 깨달아 갑니다. 아이와 부모는 함께 성장합니다. 완벽한 어른이 아이를 이끌어 가는 게 아니라 아이와 어른이 서로 생각과 느낌을 주거니 받거니 하면서 서로의 삶을 가꾸어 가는 것입니다. 부모만이 아니라 교사, 그리고 이 세상 모든 사람과 관계 맺는 일이 다 그렇습니다.

'칭찬은 이렇게 해야 한다'는 온갖 이론과 방법이 넘치고 또 넘칩니다. 하지만 그 누구도 모든 걸 다 세련되고 완벽하게 익힌 다음 칭찬하는 건 아닙니다. 완벽하지 않아도 괜찮아요. 실수할까 봐 두려워하며 머뭇거리는 게 더 위험합니다. 망설일 필요 없습니다. 칭찬할 때 이것만 놓치지 않으면 됩니다. 아이를 향한 진심, 이 마음만 놓치지 않으면 됩니다.

"네가 내 곁에 있으면 돼. 그것만으로도 눈물겹게 고맙단다."

자식 교육 최고의 적
'내 아이는 이렇게 살아야 해!'라는 믿음

아이를 마음껏 사랑하는 걸 막는 게 있습니다. 그것은 바로 부모 마음속에 '내 아이는 이렇게 살아야 해!'라는 기준을 정해 놓고 이 기준에 맞춰 아이를 키우는 것입니다. 아이가 태어나 눈을 맞추고 몸을 뒤집을 때까지는 아이의 모습, 그것만으로도 기쁨을 느낍니다. 태어난 것만으로도 고맙고 사랑스러워요. 하지만 걸음마를 시작할 때부터는 정해 놓은 기준에 미치지 않는다는 생각이 들면 불안해합니다. '책에서는 이맘때부터 걷는다는데…….' '며칠 차이로 태어난 은보는 말을 하는데 우리 애는 왜 입이 안 터지지? 늦되는 앤가?'처럼요. 말하고 글을 읽기 시작할 때부터는 더욱 심해집니다.

남과 견주어 보기 시작하면서 아이를 있는 그대로 마음껏 사랑하는 게 점점 어려워집니다. 부모의 얼굴빛과 눈빛, 몸짓과 말에 가르치고 강요하는 기운이 돌기 시작합니다. 아이와 부모 사이에 과제가 끼어든 뒤, 틈이 벌어지기 시작하면서 점점 멀어집니다. 엄마, 아빠라기보다 선생님 또는 시험 감독관 같은 눈빛과 말투가 튀어나옵니다. 공부, 기능 익히기, 습관 고치기 따위 많은 과제가 쏟아지기 때문이지요. 아이 수준에서 보는 게 아니라 부모의 높은 목표치를 기준으로 아이를 바라보니 자식은 늘 부족하고 모자라 보입니다. 예쁘고 사랑스럽던 아이에게 부족하고 아쉬운 점만 크게 보이게 됩니다. 어쩔 수 없이 잔소리를 입에 달고 삽니다.

이러다 보니 '네가 내 곁에 있는 것만으로도 눈물겹게 고맙다'는 마음이 아닌 의도, 목적, 계획을 바탕에 깔고 칭찬하기 시작합니다. 공부 잘하면 좋겠다는 마음으로 '넌 머리가 좋아' '누구 닮아 이렇게 똑똑할까?' 같은 말을 합니다. 입 밖으로 나온 말 그 자체가 영향을 주기도 하지만 더 강한 힘을 가진 게 있습니다. 눈빛과 표정 그리고 분위기에서 아이가 읽어 내는 무엇, 바로 그 무엇입니다.

의도나 목적을 가지고 그렇게 자라면 좋겠다는 바람에서 하는 말은 입에 발린 말, 거짓된 말입니다. 아이 안에서 솟아오르는 생각과 느낌이 아니라 어른의 생각과 느낌을 아이에게 강요하는 것입니다. 어릴 때는 부모의 의도대로 아이가 받아들이는 것처럼 보입니다. 하지만 시간이 흐르면서 아이는 부모 말 속에 깔린 느낌과 의도를 서서히 알아차려요. 결국 사춘기가 되면 아이가 '나는 누구인가?' '나는 지금 내 삶을 제대로 살고 있는가?' 하는 질문을 던지면서 뒤늦게 홀로서기 위해 고통스럽게 몸부림치는 일을 자주 봅니다.

부모의 자식 욕심은

끝이 없고

6학년 담임할 때 이야기입니다. 민지 어머니와 상담을 시작했습니다.

"민지 같은 딸을 둔 부모님은 얼마나 좋을까요. 부럽습니다."

"선생님이 잘 봐 주시니까 그렇지요. 예쁜 게 뭐예요. 집에서 맨날 저랑 소리 지르고 그래요."

"아니, 성격 좋지, 누구랑도 잘 어울리고 아이들 품어 주고 다독이고. 저도 민지 보면서 많이 배워요."

"그런 면이 있기는 하지요. 그런데 집에 오면 전화기에 불이 나요. 쉬는 날 나갔다 와 보면 친구들 불러 모아 뭘 해 먹고는 싱

크대를 엉망진창으로 만들어 놔요. 에휴. 차분히 앉아 책 읽는 걸 못 봐요."

"어디 가셔서 그런 말씀 마세요. 다른 부모들은 아이가 친구들과 어울리지 못한다고 걱정하느라 날밤을 새웁니다. 친구들을 집에 데리고 오는 게 꿈이라고 하는 분들 많아요."

며칠 뒤 윤식이 어머니와 상담을 했습니다.

"선생님, 우리 윤식이 학교생활 어때요?"

"뭐 걱정거리라도 있으세요?"

"아니 딱히 그런 건 아니지만⋯⋯."

"윤식이 이 녀석 보고 있으면 든든합니다. 앉아서 천리를 봐요. 책을 많이 읽어 그런지 글을 읽고 핵심을 짚어 내는 힘이 장난이 아닙니다. 게다가 학급 흐름을 꿰뚫어 보는 눈도 있어요. 과제나 해야 할 일을 부탁해도 마음 쓸 일이 없습니다. 어찌나 야무지게 하는지."

"책 읽기를 좋아하긴 해요. 그런데 집에 오면 어떻게 된 애가 밖에 나갈 생각을 안 해요. 누굴 데려오길 하나. 다른 애들은 쉬는 날이면 친구들과 여기저기 돌아다닌다는데⋯⋯."

두 분께 이런 말씀을 드렸습니다.

"아이를 볼 때마다 안타까운 마음이 드는 건 충분히 이해합니다. 하지만 지금 손에 든 떡이 고맙고 귀한 줄 알고, 그저 아이를 흠뻑 사랑해 주면 좋겠습니다."

한 손에 든 떡을 고마운 마음으로 맛있게 먹어야 하는데 다른 한 손, 채우지 못한 빈손을 바라보며 속상해하다 들고 있는 떡마저 쉬어 버리는 일이 벌어질 수 있다고 이야기했습니다. 빛을 키우면 어둠은 저절로 작아지는데, 자꾸 어둠을 집게로 집어내려 하면 오히려 어둠이 커진다는 이야기도요.

실패라는 걱정을 털어 내야
자식의 장점이 크게 보인다

살다 보면 다리에 힘이 빠지고 무릎이 꺾일 때가 있습니다. 깊은 실망과 좌절의 수렁에 빠져들기도 합니다. 늘 밝은 기운이 가득하고 행복할 순 없는 게 삶입니다. 몸과 마음이 가라앉아 아무것도 눈에 안 들어오고, 온 세상천지가 깜깜한 어둠으로 가득 찰 때가 있습니다. 홀로 설 힘조차 없어 누군가 손만 내밀면 잡고 의지하고 싶을 정도로 약해지기도 합니다. 이럴 때 누군가 나를 믿어 주고 곁에 머물면서 손을 잡아 준다면 시련에 맞서 버텨 낼 힘을 낼 수 있습니다. 모른 척 외면하고 도망가고 싶은 마음을 넘어 새로운 길을 찾아 나설 용기와 힘이 생겨납니다.

사랑하는 자식이 실수와 실패를 겪지 않고 살아가길 바라는 게 부모의 마음입니다. 자식이 가시밭길을 걸어갈까 봐 부모가 믿는 꽃길로, 그것도 지름길로 가도록 강요합니다. 하지만 야구에서 세계적으로 훌륭한 타자도 타율이 3할 대입니다. 이 말은 열 번 타석에 서면 일곱 번은 아웃된다는 걸 뜻해요. 부모가 자식의 실패와 좌절을 두려워하지 않고 걱정을 털어 낼 때 자식의 장점이 크게 보이기 시작합니다. 부모가 아이를 공감하고 믿고 기다리는 마음을 놓지 않을 때 아이는 마음껏 이것저것 해 보면서 자기 삶의 길을 걸어 나갑니다. 아이의 작은 장점이라도 찾아 격려하고 북돋워 줄 길을 찾아보면 좋겠습니다.

우리 아이가 사춘기라고 느껴질 때

사춘기, 당장은 고통이고 멀리 보면 희망입니다. 아이가 초등학교 고학년이 되면 부모는 곧 닥쳐올 아이의 사춘기 모습을 그리면서 미리 마음의 준비를 합니다.

"교육의 목표는 아이의 독립이고 홀로서기이다. 사춘기는 독립하는 시기이다. 사춘기는 꼭 필요하다."

만일 사춘기가 없다면 늘 어린 짓 하는 아이로 머물 테니 그거야 말로 불행한 일입니다. 부모보다 커 버린 자식이 부모 옆구리에 껌딱지처럼 붙어서 어린 짓을 하면 눈앞이 캄캄해질 일입니다.

사춘기 부모들이 자주 하는 말을 몇 개 모아 봤습니다.

"하는 짓은 밉지만 뇌에 엄청난 변화가 일어나는 리모델링 시기니 여유 갖고 지내야지."

"지적 능력과 욕구가 폭발적으로 늘어나는 때래. 아이 생각을 존중하며 한발 물러서자고."

"그 예쁘던 자식이 자꾸 멀어져. 말도 함부로 하고. 하지만 어째, 그게 사람 사는 이치려니 하고 부모 노릇 해야지."

"부모가 무슨 말을 해도 다 흘려듣는 것 같더니 나중에 보면 귀담아들었더라고."

이렇게 우아하게 말하지만 부모 가슴은 하루하루 시커멓게 타들어 갑니다. 타들어 가는 부모 마음을 생각하며 이야기를 나누려고 합니다.

자식은 할 짓 할 만큼 하고 돌고 돌아 제자리로 온다!

사춘기는 아이의 자아를 세워 독립이 가능해지도록 하는 희망의 시기라고 말하지만, 사춘기 아이들이 하는 짓을 보면 속이 터지다 못 해 문드러집니다. 잔소리가 아닌 최대한 부드럽고 상냥한 친절을 베풀어도 아이가 느닷없이 내던지는 거친 말과 날 선 눈빛을 마주하다 보면 이런 생각이 듭니다.

'이 녀석 봐라, 나를 무시해? 입에서 나오면 다 말인 줄 아나.'

이런 상황이 생각보다 자주 벌어집니다. 아이와 함께 많은 시간을 보내야 하는 부모로서는 이 시기 아이들과 지내는 게 만만치 않습니다.

착한 아이 모습이 사라지고, 남의 자식들은 그래도 내 자식만은 안 그럴 줄 알았던 짓을 하는 시기입니다. 성장과정에 잠재되어 있던 문제점, 심리적으로 억압되었던 아픔과 상처가 이 시기에 드러나고 터지기 시작합니다. 그러면서 누가 옆에서 아무리 좋은 이야기를 해도 귀 닫고 안 듣는 것처럼 보이기도 합니다. 아이마다 나타나는 특성이 여러 가지이지만 자기 방 안에서 나오지 않는 경우가 있는가 하면, 반대로 이 사람 저 사람 만나면서 밖에서 일을 벌이는 경우도 있습니다. 부모가 시키는 대로 고분고분하고 성실하게 하던 공부를 내던지고 우울에 빠지기도 합니다.

사춘기 아이를 둔 부모와 상담하다 보면 우는 분들이 많습니다. 그럴 때마다 꼭 '본질 불변의 법칙'을 믿자고 말합니다. 자식이 별의별 짓을 다 하고 다녀도 어려서부터 아이 깊은 곳에 지닌 마음, 인성만은 지금도 지니고 있다는 뜻입니다. 이 시기 아이들은 외부 세계를 민감하게 받아들이느라 마구 흔들리기 때문에 모든 게 다 흐트러진 것처럼 보입니다. 그런데도 자기 할 일을 꾸준히 하도록, 아이가 자기 자신에게 집중하도록 도와주자고 말합니다. 어떤 짓을 해도 내 자식에 대한 믿음만은 거두지 말아야 한다는 이야기도 합니다. 흔히들 말하는 '지랄 총량의 법칙'도 꺼내지요.

아이는 부모가 견디기 힘든 짓을 하면서도 틈틈이 곁눈질로 부모를 봅니다. 부모가 부모로서의 역할과 자기 일을 흔들림 없이 하면서 일상생활을 해내고 있는지 살핍니다. 부모가 든든한 언덕이 되어 주어야 그걸 믿고 사춘기를 마음껏 누리며 자기를 찾아갈 수 있습니다. 믿을 만한 비빌 언덕이 없으면 그 짓도 못 합니다. 떨지랄은 다 떨어 봐야만 나를 찾고 살아갈 힘을 만들어 낼 수 있습니다.

부모가 아이를 믿고 바위처럼 든든한 모습으로 자기 할 일 하며 제자리를 지키고 있으면, 아이도 이리저리 헤매고 다니다 자기 자리를 잡습니다. 마음껏 자기를 밖으로 뿜어 내는 경험이 필요한데, 믿는 구석이 없으면 일찍 철이 듭니다. 이 또한 슬프고 아픈 일이지요. 쓸데없는 짓을 하기에 가장 알맞은 시기는 사춘기입니다. 나중에 커서 어른이 된 다음 헤매고 다니면 여러 사람이 고통스럽습니다. 아무리 흔들려도 아이는 다시 제자리로 돌아온다는 걸 믿고 살아야 하는 까닭입니다.

사춘기 아이와 지내며
지켜야 할 원칙

다음 몇 가지를 미리 챙기고 지키면 아이가 헤매면서도 사춘기를 알차고 보람차게 보낼 수 있습니다. 사춘기 아이 부모 노릇을 웬만큼 해내면 부모는 자식과 인생길의 동무가 될 수 있지만, 자칫 부모가 흔들리면 영영 잔소리꾼이 되어 서로 등지고 살 수도 있습니다.

첫째, 아이 나이보다 한두 살 위로 보고 관계를 풀어야 합니다. 6학년은 중학교 2학년 대하듯, 중학교 2학년은 고등학교 1학년 대하듯 하자는 말입니다. 그러면 아이들 자존심도 덜 건드리게 되고 무엇보다 중요한 건 아이가 퇴행하거나 뒷걸음질 치는 걸 막을 수 있습니다. 상담하다 보면, 아이는 학교에서 온갖 사춘기 짓을 하는데 이 말을 하면 부모가 믿지 않습니다. 담임이 편견을 가지고 아이를 대한다고 불신하는 바람에 아이의 학교생활이 더욱 나빠지는 경우도 있어요. 사춘기 초기라는 중요한 시기에 그 특성을 읽어 내지 못해 도와줄 기회를 놓치는 안타까운 일이 벌어집니다.

둘째, 사춘기 아이들에게 완벽한 사과를 요구하면 부작용이 생깁니다. 자존심이 하늘을 찌르기 때문에 실수를 하거나 잘못을 저질렀을 때 아동기 때처럼 고개 숙이고 고분고분하게 사과하라고 하면 부작용이 큽니다. 마치 마주 보고 달려오는 열차처럼 더 세게 충돌하는 일이 벌어지고 맙니다. 그럴 때는 상황에 맞는 사과 방법을 찾아야 합니다. 저는 아이가 큰 잘못을 저지른 경우, 간단한 편지를 쓰라고 하거나 '하이파이브'를 하라고 하기도 해요. 그것도 아니라면 슬그머니 다가와 손을 잡거나 손등을 툭 치고 가도 사과한 걸로 알고 받아 주었습니다.

사춘기 때는 아이 나름대로 논리적 사고가 어마어마하게 발달하는 시기이기 때문에 자존심을 세워 주어야 합니다. 그러면서도 아이가 저지른 잘못과 실수에 대해서는 꼭 사과하도록 해야 합니다. 사과하고 넘어가야 부모나 교사에 대한 죄책감을 털고 자기 자신에게 집중할 수 있습니다. 죄책감은 상대를 미워하거나 증오하게 하는 큰 부작용을 낳기도 합니다.

셋째, 실수를 하거나 잘못을 저질렀을 때 막다른 골목으로 몰면 안 됩니다. 꼭 빠져나갈 구멍을 만들어 주어야 합니다. 조금은 어려울 수 있지만 예를 들자면 이런 것입니다. 아이가 자꾸 지각을 하거나 욕을 한다고 해 봅시다. 이런 말이 막다른 골목으로 몰아붙이는 말입니다.

"너 다시는 지각하지 마라. 한 번만 더 지각해 봐라."

"욕하지 말라고 했지. 왜 또 해?"

이런 말을 바꾸어 보겠습니다. 빠져나갈 구멍을 만들어 놓은 말입니다.

"방학하려면 한 달 남았네. 한 달 동안 몇 번 지각할래? 열 번? 좋아, 거기까지는 잔소리 안 할게. 너도 힘 좀 써 보면 좋겠다."

"일주일에 욕 몇 번 할래? 아주 심한 것만 아니면 넘어가도록 할 테니 너가 횟수를 정해 봐."

넷째, 번개 상담, 번개 애정 표현을 권합니다. 사춘기 아이들은 아무리 좋은 말이나 칭찬도 길게 하면 꼭 일이 터집니다. 흔히들 하는 말로 '시작은 창대하나 끝이 엉망'인 게 사춘기 아이들과 하는 외출, 여행, 외식입니다. 그렇게 되는 까닭이 있습니다. 모처럼 밖에 나가면 아이 표정이 좀 밝아 보여요. 이 틈을 파고들어 아이에게 피가 되고 살이 되는 이야기를 해 주고 싶어집니다. 부모의 욕심 때문에 일이 어그러지는 경우가 잦습니다. 이 시기에는 아무리 좋은 말도 최대한 3분을 넘기면 안 됩니다.

번개 상담, 번개 애정 표현에서 가장 중요한 원칙은 미리 아이의 상태를 파악한 다음 할 말을 준비하고 있어야 합니다. 아이가 대꾸를 하든 말든 할 말을 하고 치고 빠집니다. 예를 들면 밥 먹다 눈을 맞추고 눈웃음을 짓기도 하고, 무심하게 지나가다 한마디 툭 던집니다.

"어제 사과해 줘서 고마웠어."

"니 오늘 기분 좋아 보인다."

"밥 먹고 설거지 깔끔하게 해 놓았더라."

이러면 아이들이 좋아할 것 같지만 그렇지 않습니다. 처음에는 이런 말도 들었습니다.

"그래서 어쩌라고요?"

"관심 꺼요."

그래도 할 말은 합니다. 아이가 겉으로는 퉁명스럽게 굴어도 돌아서서 웃고 나중에는 좋아하게 됩니다. 이때 지켜야 할 원칙은 아이에게 굽히고 들어가는 것과 달리 당당하게 그러나 진심을 담아 말하는 것입니다.

아이만을 위한 멋진 일대일 데이트를 분위기 좋은 카페나 식당에서 하는 것도 추천합니다. 공연을 보러 가는 것도 좋습니다. 가서도 최대한 존중해야 합니다. 마치 좋아하는 사람과 첫 데이트하듯 사전 답사도 다녀오고, 앉을 때 의자를 빼 주고, 옷도 받아 걸어 줍니다. 좀 어색할 수도 있습니다. 하지만 이 시기는 자아를 형성하는 때라 존중받는 경험이 매우 중요합니다. '이제 나는 너를 어른으로 대접하고 존중한다'는 표현이기도 합니다. 어른으로 대접

받으면 어른 짓 하고 어린아이로 대접받으면 어린 짓을 합니다.

드라이브도 좋습니다. 사춘기 아이들은 눈을 마주 보고 이야기할 때 긴장하고 불편해합니다. 그런 자리엔 안 가려고 하지요. 경치 좋고 분위기 좋은 곳을 차로 달리다 보면 일상에서 벗어난 편안함 때문에 긴장이 풀리면서 말문을 열기 시작합니다. 더구나 마주 보지 않고 앞이 탁 트여 부담이 없기 때문에 자연스럽게 물 흐르듯 아이 입에서 말이 나오기 시작합니다. 침묵이 흐르더라도 부모가 평소 가슴에 담았던 서운했던 이야기를 먼저 꺼내지 않도록 노력하는 게 좋습니다. 사춘기 아이가 부모와 함께 놀아 준 것만으로도 고맙다는 마음으로 시간을 보내야 합니다.

무엇보다 중요한 것은
부모가 마음을 여는 것

부모도 힘들 때 등 비비고 기댈 든든한 언덕이 되어 줄 주위 사람을 몇 명 구해 놓아야 합니다. 자식 키우다 어려울 때 지혜를 구하고 가슴을 다독여 줄 믿고 의지할 '멘토'와 인연을 맺으란 뜻입니다. 친인척, 친구, 직장 동료, 이웃 들과 이야기 나누다 보면 앞이 트이고 안 보이던 길이 하나둘 나타납니다. 가끔은 자식이 부모를 뿌리째 흔들어 버려 어디서부터 손을 써야 할지 막막하고 앞이 깜깜한 상황이 올 수도 있습니다.

때로는 도움을 요청할 전문가와도 인연을 맺어 놓아야 합니다. 아이 주변에 어려움이 생겼을 때 가장 이상적인 심리 상담은 아이와 부모가 함께하는 상담이지만, 상황에 따라서는 부모만, 때로는 부모 가운데 한 사람만이라도 길을 뚫어야 합니다.

무엇보다 중요한 것은 부모가 마음을 여는 것입니다. 나름대로 교육에 대해 지신 있다고 자부하는 부모들 가운데 부모가 마음을 열지 않아 아이의 상황을 더욱 나쁘게 만드는 경우를 더러 보았습니다. 이런 분들은 자신에 대한 확신이 있기 때문에 부모의 철학이나 신념을 아이에게 강요하고, 누구의 도움이나 조언도 받아들이지 않습니다. 그렇게 시간은 흐르고 아이의 심리적 어려움은 더욱 깊어집니다. 그야말로 호미로 막을 걸 가래로 막는 경우를 가끔 겪습니다. 자식 키우는 문제는 가방끈이 길고 짧거나 지위가 높고 낮은 것은 별 의미 없습니다.

지식 교육은 선행, 생활교육은 후행

많은 아이들이 선행학습을 합니다. 예습 정도가 아니라 한두 해 는 앞서 나가 미리미리 공부를 합니다. 아이들은 이중으로 힘든 생활을 합니다. 학교에서 배우는 교육과정을 따라가면서 학교에 서 내주는 과제를 해야 하고, 학원이나 사교육에서 한두 해 앞서 배우는 과제를 또 해내야 합니다.

하지만 생활교육에서만은 한두 해 뒤처지는 걸 그다지 신경 쓰 지 않습니다. 부모들은 자식이 지식 교육 영역에서 한두 해 뒤로 처지면 심각하게 여기고, 돈과 시간을 들여서라도 해결해 보려고 합니다. 하지만 생활교육에서 뒤처지는 것에는 그다지 마음 쓰지 않지요. 그러나 어찌 보면 지식 교육은 뒤늦게라도 따라갈 수 있 지만, 생활교육만큼은 때를 놓치면 어떻게 해 볼 길이 없습니다. 생활교육은 지금 당장은 크게 표 나지 않습니다. 시간이 흐른 뒤 그로 인한 고통은 아이가 고스란히 안고 살아야 하는 가슴 아픈 결과를 가져옵니다. 아이의 고통을 뒤늦게라도 깨닫고 함께 노력한다면 그나마 다행입니다.

생활교육은 영아기부터 시작해서 평생 해야 하는 공부입니다. 뜨겁고 차가운 것을 구별하는 것부터 시작해, 먹고 입고 자고 사람과 어울리는 데 필요한 모든 것을 스스로 해내는 힘을 기르는 공부입니다. 생활교육은 좋은 직업을 얻는 데 도움이 되지 않는다고, 지식을 배울 수 있는 시간을 앗아간다고 생각해 못 하게 하는 가정이 많습니다. 과연 그럴까요?

생활교육이 주는 성취감
성공 경험의 중요성

몇 살에 라면을 끓일 수 있을까요? 펄펄 끓는 물이 워낙 위험하니까 부모가 대신해 줘야 한다고 누구나 생각합니다. 그런데 어느 순간 아이가 라면을 끓이고 싶어 한다면 달리 생각해 봐야 합니다. 라면을 먹으려고 끓이려는 게 아니라는 것을 읽어 내고 아이의 의도에 초점을 맞추어야 합니다.

아이에게 호기심이 생긴 것입니다. 라면을 끓여 보고 싶은 마음이 솟아오른 것이지요. 두 살이나 세 살 아이가 라면을 끓이고 싶다고 해서 허락할 부모는 없을 겁니다. 아이도 라면을 끓이려면 뜨거운 물을 다루어야 한다는 것 정도는 알고 있습니다. 그것이 얼마나 위험한지도 압니다.

라면을 끓이고 싶다는 마음은 도전하는 마음입니다. 겪어 보지 않은 낯선 일이지만 해 보고 싶은 것이 있을 때마다 올라오는 마음입니다. 두렵고 무섭기도 하지만 해 볼 수 있겠다고 마음먹기까지 아이는 속으로 상황을 읽고 계산하고 판단했습니다. '밥을 짓고 싶다, 기타를 연주하고 싶다, 삽질을 하고 싶다, 설거지를 하고 싶다, 빨래를 하고 싶다, 춤을 추고 싶다'처럼 아이 마음 안에서 일어난 변화가 밖으로 표현된 것입니다.

이것은 단지 밥을 짓고 기타를 연주하고 삽질하는 것 그 자체를 의미하지 않습니다. 이런 마음을 내는 것은 아이에게 생명력이 있다는 걸 뜻합니다. 한 번도 안 해 본 건데 남들이 하는 걸 보니까 하고 싶은 마음이 솟아오릅니다. '하고 싶다'는 말은 '해 보고 싶다, 해 볼 만하다, 까짓것 못 하겠어, 한 번도 안 해 봤지만 재미있을 거야' 같은 뜻을 담고 있습니다. 일거리나 기능을 익히는 게 아니라 도전해 보는 마음입니다.

성공과 실패를 겪으면서 어느 순간 혼자 힘으로 해낼 수 있을 때 성취감과 성공 경험이 아이에게 쌓입니다. 이 경험이 쌓이고 또 쌓여서 자아가 됩니다. 이런 일을 해낼 때 주변에서 보내 주는 눈빛과 말과 몸짓이 있습니다. 또 아이도 스스로 해 본 뒤에 따라오는 결과를 보고 느낍니다. 이 모든 것이 아이가 자기 삶을 살아가는 데 힘이 됩니다. 그다음 과제에 도전하게 되는 출발점입니다.

부모 마음으로는 좋은 직업과 연관되는 일에 관심을 보이면 좋겠다고 생각할 것입니다. 하지만 아이가 일상생활에서 늘 만나는 것들에 마음이 끌린다고 해서 그 분야의 일을 할 거라는 생각은 너무 많이 앞서 나간 생각입니다. 그냥 해 보고 싶은 것뿐입니다. 해 볼 만하다는 생각이 드니까 하려는 것이고요. 직업을 가지려는 게 아니라, 하는 게 좋아서 눈길이 가고 손이 가는 것입니다. 성공과 실패를 경험하면서 난이도를 점점 높여 갈 때 나를 느낄 수 있고 그것이 곧 자아가 됩니다. 삶의 주인으로 우뚝 설 힘이 되어 줍니다. 어지간한 비바람에는 끄떡도 하지 않고 넘어졌다 다시 일어설 것입니다. 출렁이는 파도를 두려워하지 않고 자기만의 길을 찾아 모험을 떠날 힘을 갖게 됩니다.

날마다
도전하는 아이들

아이들이 아침에 준비해서 교실에 들어올 때까지 과정을 살펴보면 부모 손길이 참 많이 갑니다. 부모 손길은 어디까지 가야 할까요? 그리고 그것은 몇 살까지 해야 할까요? 아침에 일어나는 것, 이부자리 정리하는 것, 속옷 갈아입고 정리하기, 이빨 닦기, 먹은 그릇 정리하기, 준비물 챙기기, 양말 신기, 옷 챙겨 입기, 운동화 신기, 운동화 끈 매기…… 한두 가지가 아닙니다. 이것들 가운데 어떤 것을 몇 살 때부터 아이가 스스로 하게 해야 할지 고민이 됩니다. 고민하지 않게 법으로 깔끔하게 정리해 주면 좋겠습니다.

가장 믿을 만한 기준은 아이에게 있습니다. 하고 싶어 할 때, 하겠다고 나설 때 기회를 줘야 합니다. 하겠다고 나서기까지 아이는 주위 사람들이 하는 걸 지켜보았고, 수도 없이 탐색했고, 할 만하다 싶은 생각이 들 때 하겠다고 나선 것입니다. 그럴 때 막아서면 울고 떼를 씁니다. 속에서 하고 싶은 강한 충동, 욕구, 동기가 솟아났는데 그걸 막으니 화가 나는 건 당연하지요.

"싫어. 내가 할 거야. 나 혼자 할 수 있다고."

바로 이때가 손을 뗄 때입니다. 서서히 아이 혼자 하도록 부모는 손길을 거두어들여야 합니다.

사랑을 베푸는 것은 본능
거두는 것은 이성과 인내

어느 초등학교에 옮겨 갔을 때 겪은 일입니다. 학교 뒤뜰을 걷다 나무를 보고 놀랐습니다. 나무를 옮겨 심으면서 뿌리가 자리 잡을 때까지 붙잡아 주려고 댄 지지목이 나무줄기 안으로 파고들었습니다. 나무가 자리를 잡고 쑥쑥 자라 줄기가 굵어졌는데도 지지목을 없애지 않아 지지목과 나무를 얽어맨 끈이 나무속으로 파고들었습니다. 부랴부랴 학교에 있는 모든 나무의 지지목을 걷어냈지만 적지 않은 나무가 시름시름 앓다가 죽거나, 살아남아도 그

상처가 고스란히 남아 있었습니다.

나무를 아끼고 사랑하는 마음에 지지목을 대 주었지만 제때 없애지 않아 오히려 나무를 병들게 하고 심지어 죽게 만들었습니다. 자식을 사랑하지 않는 부모는 없습니다. 그런데 사랑도 습관이 됩니다. 습관이 되어 몸과 마음에 젖어 들면 아이가 성장했는데도 과거에 하던 대로 되풀이합니다. 아이 성장에 맞게 사랑하는 방법을 바꾸어야 하건만, 늘 하던 대로 사랑을 주다 보면 제때 걷어 내지 못한 지지목처럼 오히려 나무를 위험하게 만듭니다. 언제 어떻게 사랑을 거두어들여야 할까요? 사랑을 베푸는 것보다 거둘 시기를 판단하는 것이 더 어렵습니다. 사랑을 베푸는 것은 본능이고 사랑을 거두는 것은 이성과 인내가 필요한 일입니다.

보호막을 거두어야 할 때를 고르는 기준은 아이에게 있습니다.

"내가 할 거야."

"해 볼래."

아이가 이렇게 말합니다. 바로 이때 보호막을 걷고 도움을 멈추어야 합니다.

"라면 끓일래요."

"양말 내가 신는다니까요."

"운동화 끈 내가 맬래요."

"갈비 내가 구울래요."

"학교 혼자 갈 거야."

부모가 할 일은 아이의 변화를 읽어 내 공감하고 아이 혼자 힘으로 할 수 있다는 것을 믿으며 곁에서 기다리는 것입니다. 하고 싶은 마음을 겉으로 표현하기까지 아이 마음속에서 일어난 변화를 읽어 내야만 공감할 수 있고 스스로 혼자 할 수 있다는 것을 믿을 수 있습니다. 공감해야 믿고, 믿어야 기다릴 수 있습니다. 기다리는 만큼 아이는 자기 삶의 주인으로 설 힘을 얻습니다. 부모는 촛불 켜 놓고 기도하며 기다리는 사람입니다.

여름비 맞고 폐렴 걸리는 아이,
겨울비 맞고 멀쩡한 아이

무더운 여름날 가랑비를 맞으며 집에 돌아간 아이가 있습니다. 그런데 안타깝게도 폐렴에 걸렸습니다. 반면 어떤 아이는 겨울에 오는 비를 흠뻑 맞으며 집에 와서는 제대로 닦지도 않고 잠들었습니다. 그런데 다음 날 멀쩡하게 일어나 아침까지 잘 먹고 학교에 갑니다. 누구는 여름 가랑비에도 폐렴에 걸리고 누구는 겨울비에도 멀쩡합니다. 왜 이럴까요? 아이 잘못일까요?

왜 우리 아이만
유별나게 힘들까?

아이마다 밖에서 주어지는 자극이나 환경을 소화하고 견뎌 내는 힘이 다릅니다. 만남 이야기를 해 보겠습니다. 3월에 담임선생님을 새로 만났습니다. 아이는 첫날 설레는 마음으로 준비물 챙겨 들고 학교에 잘 다녀왔습니다. 그런데 어느 날부터 자꾸 학교 가는 걸 꺼려 합니다. 일어나는 시간은 점점 늦어지고 아침밥도 잘 먹지 않고 지각하는 일마저 잦아집니다. 아무래도 무슨 일이 있는 것 같아 물어보니 어렵사리 이렇게 말합니다.

"선생님이 무서워서 학교 가기 싫어요."

같은 반 아이들과 이야기해 보니 선생님이 엄하기는 하지만 다른 아이들은 학교에 잘 다니고 담임선생님을 좋아한답니다.

똑같은 환경에서도 다른 아이들은 즐거운 마음과 밝은 표정으로 학교에 가는데 우리 집 아이는 선생님이 무섭다고 하더니 모든 일에 의욕을 잃고 끝내 이 핑계 저 핑계 대며 학교에 가지 않으려고 합니다. 왜 우리 아이만 약한 모습을 보일까요?

학교에는 늘 과제가 있습니다. 여기서 과제란 수업 마친 뒤 저마다 해 와야 하는 것도 있지만 수업 시간에 되풀이해서 연습해야 할 것들(리코더, 단소, 줄넘기 따위)도 포함합니다. 아이는 잘하고 싶어 하는데 잘 안 되는지, 하다 말다 하다가 결국 포기한답니다. 그렇게 짜증을 내더니 다음 날 학교에 안 가려고 이런저런 핑계를 댑니다. 야단도 치고 달래도 보았지만 뭔가 해야 할 것을 못 했거나 생각만큼 잘 안 되면 학교에 가지 않으려고 합니다. 모든 걸 포기하고 손도 안 댑니다. 마치 하늘이라도 무너진 것처럼 어두운 표정이 되고 자기 자신을 못난이로 생각하는 횟수가 늘어나고 모든 일에 의욕을 보이지 않습니다. 다른 아이들은 과제를 안 해도,

준비물을 못 갖추어도, 심지어 빈 가방만 둘러메고도 학교에 잘만 가는데 어째서 우리 아이는 이럴까요?

여러 사람이 어울려 지내는 곳에서 귓속말을 하는 건 오해를 불러일으키기 때문에 조심해야 합니다. 그래도 아이들이 가끔 귓속말할 수는 있습니다. 그럴 때마다 우리 아이는 이런 생각이 든다네요. '내 욕을 하는 건 아닐까? 내 행동을 흉보는 게 아닐까? 뒷담화하는 거 아닐까?' 그러더니 어떤 날은 그 아이들과 싸우고 옵니다. 그런 아이를 보면 부모 가슴에 먹구름이 낍니다.

아이가 친하게 지내고 싶은 친구가 있는데 말도 못 붙이고 가까이 가지 못해서 끙끙 앓습니다. 선생님이나 다른 어른들에게 필요한 말이나 질문도 못 하는 경우가 잦습니다. '물 먹고 싶다, 화장실 가고 싶다, 친구 사이에 고민이 있다' 같은 말을 입 밖으로 꺼내야 선생님이 도와줄 수 있는데 말입니다. 우리 아이는 왜 사람에게 다가가는 걸 못할까요?

아이의 이런 모습이 쌓이다 보면 부모 가슴이 타들어 갑니다. '먹여 주고, 입혀 주고, 부족한 것 없이 넉넉한데 너는 왜?'라는 생각에 이런 말로 아이를 다그칩니다.

"다가가서 말을 하라고, 말을."

"어서 학교 가."

아이가 그 말을 잘 따를까요? 말하는 대로 이루어질까요? 아닙니다. 오히려 아이는 점점 바닥으로 가라앉습니다.

앞에서 말한 것처럼 누구는 여름에 가랑비를 맞고도 폐렴에 걸려서 중환자실에 실려 갑니다. 반대로 누구는 한겨울에 비를 주룩주룩 맞고도 감기에 안 걸립니다. 폐렴에 걸리는 게 아이 잘못이 아니란 걸 압니다. 그냥 면역력이 약해서 감기에 걸린 것이니 아이에게 책임을 따져 묻거나 화를 내지 않습니다.

아이의 부족한 점과 약점을 인정해야만 변화를 이끌어 낼 수 있습니다. 감기에 자주 걸리는 게 아이 잘못이 아니라는 건 너무나 상식적인 이야기입니다. 세상에 감기 걸리고 싶어 안달이 난 아이는 없습니다.

마찬가지로 누구나 즐겁게 학교에 가고 싶고, 아이들과 마음껏 어울리고 싶고, 어른이나 주변 사람들에게 가슴속에 담아 둔 말을 편안하게 하고 싶습니다. 다만 그게 너무 부담스럽고 힘들어 피하고 싶을 뿐이지요. 아이가 부족해서, 아이가 잘못해서가 아니라는 말입니다. 감기에 자주 걸리는 아이 곁에서 안타까워하며 건강을 보살피듯 아이를 있는 그대로 받아들이고 품어 주는 게 중요합니다. 아이의 약한 모습을 인정하는 순간 해결의 실마리가 풀리기 시작합니다.

아이의 모습을 있는 그대로 인정할 때 아이가 처한 상황과 어려움을 느끼며 공감할 수 있습니다. 아이는 자기의 상황을 있는 그대로 공감하는 부모의 마음을 느낍니다. 이 공감하는 마음이 눈빛으로 전해질 때 아이는 자기가 존중받는 것을 느끼고, 부모가 자신을 아끼고 사랑한다는 것을 느낍니다. 그럴 때 아이 속에서 밝은 기운이 올라옵니다.

쉬운 과제부터 하나씩 해 나가며
성공 경험하기

아이가 고쳐야 할 점, 아이에게 부족한 점을 목록으로 만든 다음 먼저 해야 할 것을 정합니다. 일부를 골라 아이와 이야기 나누는 것도 좋습니다. 부모 마음 같아서는 모든 걸 한꺼번에 해치우고 싶지만 그렇게 했다가는 아이와 부모 모두 금방 지쳐 포기하게 됩니다.

아주 쉬운 것부터, 아이에게 부담이 적은 것부터 찾아서 도전합니다. 하나씩 해내면서 성공을 경험하는 게 중요합니다. 아이에게도 부모에게도 성공하는 경험이 필요하지요. 아이가 스스로 해냈다는 짜릿한 느낌을 쌓아 가는 것이 목적입니다.

헬스장에 가서 무거운 기구를 한 번에 들면 좋겠지만 그러다간 근육이 파열됩니다. 처음엔 작은 것부터, 심지어는 근육을 풀어 주는 운동부터 해야 합니다. 그렇게 작은 것부터 들며 운동하다 보면 점점 무거운 기구를 들 수 있게 됩니다. 작은 것부터 성공하는 경험을 쌓다 보면 어느 순간 그동안 두려워 피하고 싶었던 것들이 눈에 들어오고 도전하고 싶은 마음이 생깁니다. 이때 하나씩 해 나가면 됩니다.

성공 경험이 하나둘 쌓여 가면 모든 일에 귀찮아 하고 남의 평가에 매달리며 우울해하던 아이의 표정이 달라지기 시작합니다. 아이가 자기다움을 찾아가며 밝고 힘차게 성장할 가능성이 언뜻 언뜻 보이기 시작합니다.

이때 놓쳐서는 안 되는 게 있습니다. 전깃불 버튼을 눌러 켜는 것과 달리 사람에게 변화를 이끌어 내는 일은 시간이 많이 걸린다는 사실입니다. 그리고 변화가 일어나더라도 문제 행동이 한 번에 사라지지 않습니다. 한 번 만에 원하는 수준까지 다다르지 않습니다. 횟수가 조금 줄어들거나, 강도가 아주 조금 약해질 뿐입니다.

노력하면 할수록 기대가 생기면서 문제 행동이 더욱 심각하게 느껴질 수 있습니다. 그러다 결국 화를 내거나 좌절하는 일이 벌어지기도 하지요. 하지만 이 순간 필요한 것은 아이를 믿고 기다리는 간절한 마음입니다. 믿고 기다리는 일은 속이 시커멓게 타들어 가는 어려운 일이지만 버텨 내야 합니다.

작고 쉬운 것부터 하나씩 해 나가다 보면 어느 순간 두려워하던 일을 해내는 아이를 보게 됩니다. 그때 아이는 이렇게 소리칠 것입니다.

"나는 히말라야를 넘었다!"

히말라야를 처음부디 넘을 수는 없습니다. 한 걸음 내딛어야만 두 걸음, 세 걸음으로 이어집니다. 아이가 가진 부족한 점을 인정하며 아이가 힘을 내도록 함께 도우면 좋겠습니다.

살아 있는 교육 45

아이들은 모험으로 자란다

아이의 성장과 도전을 이끄는 초등 교육

2024년 1월 22일 1판 1쇄 펴냄

글쓴이 최관의
편집 김누리, 김성재, 이경희, 임헌 | **디자인** 한아람
제작 심준엽 | **영업마케팅** 김현정, 나길훈, 양병희 | **영업관리** 안명선
새사업부 조서연 | **경영지원실** 노명아, 신종호, 한선희
인쇄와 제본 (주)상지사P&B

펴낸이 유문숙 | **펴낸 곳** (주)도서출판 보리 | **출판등록** 1991년 8월 6일 제9-279호
주소 (10881)경기도 파주시 직지길 492
전화 031-955-3535 | **전송** 031-950-9501
누리집 www.boribook.com | **전자우편** bori@boribook.com

ⓒ 최관의, 2024

보리는 나무 한 그루를 베어 낼 가치가 있는지 생각하며 책을 만듭니다.

ISBN 979-11-6314-346-8 03370